PONS

Grammatik kurz & bündig
NIEDERLÄNDISCH

mit Online-Übungen

von
Mirjam Gabriel-Kamminga
Johanna Roodzant

PONS GmbH
Stuttgart

PONS

Grammatik kurz & bündig
NIEDERLÄNDISCH

mit Online-Übungen

von
Mirjam Gabriel-Kamminga
Johanna Roodzant

Die Inhalte sind identisch mit ISBN 978-3-12-561662-2.

PONS verpflichtet sich, den Zugriff auf die zu diesem Buch passenden Online-Übungen mindestens bis Ende 2017 zu gewährleisten. Einen Anspruch der Nutzung darüber hinaus gibt es nicht.

3. Auflage 2016

Redaktion: Maria Grazia Chiaro
Online-Übungen: Dr. Holger Volke
Logoentwurf: Erwin Poell, Heidelberg
Logoüberarbeitung: Sabine Redlin, Ludwigsburg
Titelfoto: Vlado Golub, Stuttgart
Einbandgestaltung: Tanja Haller, Petra Schnur, Stuttgart
Fotos U2: Smartwish (graphicriver.net); Maus: Shutterstock / terekhov igor
Layout: Ulrike Eisenbraun, Metzingen
Satz: Fotosatz Kaufmann, Stuttgart
Druck und Bindung: Multiprint GmbH

Printed in the EU.
ISBN: 978-3-12-562656-0

So benutzen Sie dieses Buch

Die **PONS Grammatik kurz & bündig Niederländisch** bietet Ihnen eine **übersichtliche Darstellung** der aktuellen niederländischen Sprache.
Die **klar formulierten Regeln** werden durch zahlreiche Beispiele mit deutscher Übersetzung veranschaulicht, so dass es Ihnen besonders leicht fällt, sie sich einzuprägen.

Die **PONS Grammatik** warnt auch vor **typischen Fehlern,** die gerade deutschsprachigen Lernenden häufig passieren.

Im Anhang finden Sie außerdem ein Stichwortregister, mit dem Sie nach bestimmten Themen gezielt suchen können.

Nützliche Symbole

Bei der Arbeit mit diesem Buch helfen Ihnen die folgenden Symbole:

▶ Hier wird auf andere Grammatik-Kapitel verwiesen, z. B. ▶ **Kapitel Adverb.**

(!) Hier wird auf eine **Regel** oder eine **Besonderheit** hingewiesen, die man beachten sollte.

Kleine **Tipps** verraten Ihnen an dieser Stelle, wie Sie sich die Regeln besser merken können.

→← Hier werden Unterschiede zwischen dem Deutschen und dem Niederländischen aufgezeigt.

Online-Übungen

Zu all den wichtigsten Grammatikthemen dieses Buches finden Sie unter **www.pons.de/grammatikportal** extra Online-Übungen, mit denen Sie aktiv und sicher in der Sprache werden. Auf der Innenseite des vorderen Buchdeckels wird Ihnen Schritt für Schritt erklärt, wie Sie zum PONS-Grammatikportal gelangen und dieses kostenlose Angebot in Anspruch nehmen können.

Viel Spaß und Erfolg beim Niederländischlernen!

Inhalt

3 Schrijven en spreken – Rechtschreibung und Aussprache 7

Einige Besonderheiten bei der Aussprache 7
Offene und geschlossene Silbe 7
Schreibweise der Vokale 8
Schreibweise der Konsonanten 9
Groß- und Kleinschreibung 10
Diakritische Zeichen 11
Trema - Teilungszeichen 11
Akzent 12
Apostroph 12

4 De, het en een – Artikel 13

Unbestimmter Artikel 13
Bestimmter Artikel 13

5 Vogels, bloemen, kinderen – Substantiv 15

Plural 15
Plural auf –en 15
Plural auf -s 17
Plural auf -eren 19
Weitere Pluralformen häufig verwendeter Wörter: 19
Kasus 19
Verkleinerungsformen 20
Bildung 20
Gebrauch 22

6 Een mooie boel - ik blijf liever thuis -Adjektiv und Steigerungsformen 25

Form des Adjektivs 25
Unveränderliche Adjektive 26
Selbstständiger Gebrauch 27
Steigerungsformen 28
Regelmäßige Steigerungsformen 28
Unregelmäßige Steigerungsformen 30
Verstärkung von Adjektiven und Adverbien 31

7 Graag gedaan - Adverb 32

Ursprüngliche Adverbien 32
Adverbialer Gebrauch von Adjektiven 33
Das Adverb er 33
Lokales er 33
Er + Präposition (Pronominaladverb) 34
Er als Platzhalter 36
Er als Subjekt in passiven Sätzen 37

8 Ikke en de rest – Pronomen 38

Personalpronomen 38
Possessivpronomen 42
Reflexivpronomen 44

Demonstrativpronomen 45
Relativpronomen 47
Besonderheiten bei der Bildung von Relativsätzen 48
Partitives er 49
Indefinitpronomen 50
Fragewörter 52
Interrogativpronomen 52
Interrogativadverbien 53

7 Actie! – Verb: Modi und Zeiten 54
Präsens 54
Regelmäßige Verben 54
Unregelmäßige Verben 56
Imperfekt 57
Regelmäßige Verben 57
Unregelmäßige Verben 58
Perfekt 59
Bildung des Partizip Perfekts der regelmäßigen Verben 59
Bildung des Partizip Perfekts der unregelmäßigen Verben 60
Plusquamperfekt 61
Hebben oder zijn? 61
Futur 62
Imperativ 63
Wie man den deutschen Konjunktiv ins Niederländische überträgt 64
Gebrauch 64
Indirekte Rede 66
Passiv 67
Reflexive Verben 68
Trennbare und untrennbare Verben 69
Modalverben 70
Einige Konstruktionen mit Infinitiv 75

8 Omdat ik zoveel van je hou – Konjunktionen 77
Nebenordnende Konjunktionen 77
Unterordnende Konjunktionen 78

9 Van voor naar achter – Präpositionen 81

10 Een beetje veel – Grundzahlen, Ordnungszahlen 85
Die Grundzahlen 85
Die Ordnungszahlen 88

11 Zinnetjes – Der Satz 89
Hauptsatz 89
Nebensatz 92
Verneinung 93

Anhang 94
Liste der wichtigsten unregelmäßigen Verben 94
Manchmal ist es anders als man denkt 97
Funktionen von er im Überblick 98
Übersicht Pronomina 99
Stichwortregister 100

1 Schrijven en spreken – Rechtschreibung und Aussprache

Einige Besonderheiten bei der Aussprache

Viele Laute ähneln der deutschen Aussprache. Einige Besonderheiten werden hier genannt:

	entspricht etwa	Beispiel
ei/ij	fr. Mars**ei**lle	tr**ei**n *(Zug)*, t**ij**d *(Zeit)*
eu	**Ö**sterreich	d**eu**r *(Tür)*
g	la**ch**en	**g**oed *(gut)*
l	eng. **l**ove	**l**ucht *(Luft)*
oe	B**u**ch etwas kürzer gesprochen	b**oe**k *(Buch)*
ou/au	**Au**to	bl**auw** *(blau)*, k**ou**d *(kalt)*
s	Ka**sse**	**s**ok *(Socke)*
u	T**ü**te (langes ü) M**ü**cke (kurz)	d**uu**r *(teuer)* d**u**n *(dünn)*
ui	fr. porte**feui**lle	h**ui**s *(Haus)*
v	**f**asten	**v**aas *(Vase)*
y	Ch**i**ps, (in geschlossenen Silben) m**ie**s, aber etwas kürzer gesprochen (in offenen Silben)	s**y**mbool *(Symbol)* ps**y**chologie *(Psychologie)*
z	**S**onne	**z**on *(Sonne)*
-ig	in unbetonter Endsilbe wird **i** wie e im fr. *le* gesprochen	macht**ig** *(mächtig)*
-isch	m**ies**, aber kürzer gesprochen	hect**isch** *(hektisch)*
-lijk	in unbetonter Endsilbe wird **ij** etwa wie e in fr. *le* gespr.	heer**lijk** *(herrlich)*

Das Niederländische wird generell etwas weniger angespannt und scharf artikuliert und Vokale werden weniger lang gedehnt. Bei Wörtern, die auf **-en** enden, wird in weiten Teilen des niederländischen Sprachraums das **n** nicht realisiert. Das **e** muss ausgesprochen werden.

Offene und geschlossene Silbe

Die Rechtschreibregelung des Niederländischen ist an sich ein logisches System. Ob in einer Silbe ein Vokal lang oder kurz gesprochen wird, hängt von der Silbenart ab: die Silbe kann offen oder geschlossen sein.

Schreibweise der Vokale

Das Niederländische kennt kurze und lange Vokale.

Kurze Vokale stehen immer in einer geschlossenen Silbe, d. h. in einer Silbe, die auf einem Konsonanten endet:

het be**d**	*das Bett*
to**f**	*toll*
ik ka**m**	*ich kämme*

Da bis auf einige Ausnahmen der kurze Vokalwert auch bei einer Beugung (Flexion) erhalten bleibt, *muss* eine Verdopplung des Konsonanten stattfinden. Ansonsten würde der Vokal ein langer Vokal werden:

Pluralbildung	de be**d-d**en	*die Betten*
Adjektivdeklination	to**f-f**e	*toller, tolle, tolles*
Verbkonjugation	wij ka**m-m**en	*wir kämmen*

Lange Vokale können in offenen Silben stehen, d. h. in Silben, die auf einem Vokal enden, sowie in geschlossenen Silben. Sie werden doppelt oder einfach geschrieben.

Lange Vokale werden

- in offenen Silben grundsätzlich einfach geschrieben:

de v**a**-der	*der Vater*
de l**e**-pel	*der Löffel*

- in geschlossenen Silben immer doppelt geschrieben:

de m**aa**n	*der Mond*
gr**oo**t	*groß*
ik n**ee**m	*ich nehme*
ik h**uu**r	*ich miete*

Diese Regel hat Konsequenzen für die Pluralbildung, die Adjektivdeklination und die Verbkonjugation:

de m**aa**n	*der Mond*	de m**a**-nen	*die Monde*
gr**oo**t	*groß*	het gr**o**-te huis	*das große Haus*
n**e**-men h**u**-ren	*nehmen* *mieten*	ik n**ee**m ik h**uu**r	*ich nehme* *ich miete*

! Offene Silbe, doppelter Vokal:

de z**ee** *das Meer* tw**ee** *zwei*

Der Laut **u** in geschlossener Silbe vor **w** ist lang. Dabei wird **u** wie ein *ü* gesprochen:

uw	Is dat **uw** tas?	*Ist das Ihre Tasche?*
d**uw**en	Zij d**uw**t de kinderwagen.	*Sie schiebt den Kinderwagen.*

Die Lautverbindungen **au, ou, ui, ei/ij, ie, oe, eu** können in offenen und geschlossenen Silben stehen und bleiben in der Aussprache immer unverändert:

geschlossen		offen	
de m**ie**r	*die Ameise*	m**ie**-ren	*Ameisen*
de d**eu**r	*die Tür*	d**eu**-ren	*Türen*
het b**oe**k	*das Buch*	b**oe**-ken	*Bücher*
bl**au**w	*blau*	de bl**au**-we broek	*die blaue Hose*
de vr**ou**w	*die Frau*	vr**ou**-wen	*Frauen*
de kr**ui**k	*die Wärmeflasche*	kr**ui**-ken	*Wärmeflaschen*
de **ei**s	*die Anforderung*	**ei**-sen	*Anforderungen*
f**ij**n	*schön*	f**ij**-ne vakantie!	*schöne Ferien!*

Schreibweise der Konsonanten

Die Buchstaben **v** und **z** stehen nie am Ende einer Silbe und damit auch nie am Ende eines Wortes. Sie werden durch **f** bzw. **s** ersetzt:

v → f			
offen		geschlossen	
schrij-**v**en	*schreiben*	Ik schrij**f** een brief.	*Ich schreibe einen Brief.*
le-**v**en	*leben*	Ik lee**f** erg ongezond.	*Ich lebe sehr ungesund.*

z → s			
offen		geschlossen	
le-**z**en	*lesen*	Ik lee**s** een boek.	*Ich lese ein Buch.*
verlie-**z**en	*verlieren*	Ik verlie**s** mijn tas.	*Ich verliere meine Tasche.*

Bei Wörtern, die auf **-f** oder **-s** enden, sieht man meistens:

f → v			
braa**f**	*brav*	een bra-**v**e hond	*ein braver Hund*
lie**f**	*lieb*	een lie-**v**e kat	*eine liebe Katze*
de die**f**	*der Dieb*	die-**v**en	*Diebe*
de gol**f**	*die Welle*	de gol-**v**en	*Wellen*

s → z			
het hui**s**	*das Haus*	hui-**z**en	*Häuser*
de hal**s**	*der Hals*	hal-**z**en	*Hälse*

Wie schon erwähnt, muss der Konsonant verdoppelt werden, wenn bei Flexion der Vokalwert erhalten bleiben soll. Die Silbe bleibt also geschlossen:

geschlossen		geschlossen	
de ra**t**	*die Ratte*	ra**t**-**t**en	*Ratten*
ve**t**	*fettig*	ve**t**-**t**e soep	*fettige Suppe*
ro**t**	*faul*	een ro**t**-**t**e appel	*ein fauler Apfel*
de bu**s**	*der Bus*	bu**s**-**s**en	*Busse*

Es steht nie ein doppelter Konsonant am Ende eines Wortes!

stoppen Ik sto**p** met roken. *Ich höre auf zu rauchen.*
kunnen Ik ka**n** fietsen. *Ich kann Fahrrad fahren.*

spe-len ik speel
Ik **speel** met een bal. *Ich spiele mit einem Ball.*

spel-len ik spel
Ik **spel** mijn naam. *Ich buchstabiere meinen Namen.*

Groß- und Kleinschreibung

In der Regel werden im Niederländischen alle Wörter kleingeschrieben.

Großschreibung erfolgt nur in folgenden Fällen:

- am Anfang eines Satzes:

Het weer is mooi. *Das Wetter ist schön.*
Dikke boeken zijn saai. *Dicke Bücher sind langweilig.*

- bei Eigennamen:

Marieke de **V**ries *Marieke de Vries*
mevrouw **M.** de **V**ries *Frau M. de Vries*
hotel **Z**onneschijn *Hotel Sonnenschein*
de **R**abobank *die Rabobank*
de **V**rije **U**niversiteit *die Freie Universität*
de **R**ooms-**K**atholieke **K**erk (Institution) *die Römisch-Katholische Kirche*

- bei den Attributen **de** und **van** in Familiennamen, wenn kein Vorname oder Anfangsbuchstabe davor steht:

de heer **V**an der **Z**anden *Herr van der Zanden*
mevrouw **D**e Vries *Frau de Vries*

- für Titel fürstlicher Personen:

Hare **M**ajesteit *Ihre Majestät*
Koningin **B**eatrix *Königin Beatrix*
Zijne **K**oninklijke **H**oogheid *Seine Königliche Hoheit*

- bei geographischen Namen und deren Ableitungen (auch beim adjektivischen Gebrauch):

Nederland	de **N**ederlandse cultuur	*die niederländische Kultur*
Vlaanderen	de **V**laamse schilderkunst	*die flämische Malerei*
Amsterdam	een **A**msterdams café	*eine Amsterdamer Kneipe*

- Heilige Personen und Sachen:

God	*Gott*
de **K**oran	*der Koran*
het **O**ude **T**estament	*das Alte Testament*

Namen von Wochentagen, Monaten, Jahreszeiten und Windrichtungen werden kleingeschrieben:

maandag	*Montag*	**oktober**	*Oktober*
zomer	*Sommer*	het **zuiden**	*der Süden*

Wenn ein Satz mit einem apostrophierten Wort anfängt, wird das zweite Wort großgeschrieben:

's Morgens sta ik vroeg op.	*Morgens stehe ich früh auf.*

Bei Großschreibung werden bei dem Diphthong **ij** beide Bestandteile großgeschrieben:

het **IJ**sselmeer	*das Ijsselmeer*
IJsjes verkopen ze hier niet.	*Eis wird hier nicht verkauft.*

Diakritische Zeichen

Es gibt einige diakritische Zeichen, die im Niederländischen auf besondere Weise verwendet werden: das Trema, das Akzentzeichen und der Apostroph.

Trema - Teilungszeichen

Das Trema wird benötigt, wenn in einem Wort zwei Vokale hintereinander stehen und angegeben werden soll, dass diese Vokale zu zwei verschiedenen Silben gehören und daher getrennt ausgesprochen werden müssen. Man setzt das Trema auf den Vokal, mit dem die neue Silbe anfängt:

met zijn twee**ë**n	*zu zweit*	be**ë**indigen	*beenden*
co**ö**peratie	*Kooperation*	Belgi**ë**	*Belgien*
pati**ë**nt	*Patient*	po**ë**zie	*Poesie*
ge**ï**nteresseerd	*interessiert*	re**ü**nie	*Ehemaligentreffen; Klassentreffen*
ru**ï**ne	*Ruine*	na**ä**pen	*nachäffen*

Akzent

Ein Betonungszeichen wird dann gesetzt, wenn es dem Textverständnis dient:

Mag ik een kilo appels.	*Ich hätte gerne ein Kilo Äpfel.* (keine Bananen, keine Erdbeeren)
Mag ik **één** kilo appels en twee kilo peren.	*Ich hätte gerne ein Kilo Äpfel und zwei Kilo Birnen.*
Ik ben voor Katja gekomen	*Ich bin für Katja gekommen.*
Ik ben **vóór** Katja gekomen.	*Ich bin vor Katja gekommen.*

Apostroph

Ein Apostroph wird in folgenden Fällen gebraucht:

- um gesprochene Sprache, in der etwas weggelassen wurde, schriftlich wiederzugeben:

Ik ben bij **m'n** oma. (mijn)	*Ich bin bei meiner Oma.*
Ik heb **'n** nieuwe broek. (een)	*Ich habe eine neue Hose.*
'k Weet **'t** niet. (ik, het)	*Ich weiß es nicht.*
't Gaat wel. (het)	*Es geht so.*
't Heeft geregend. (het)	*Es hat geregnet.*

- als Abkürzungszeichen für die alte Genitivform **des**:

's morgens	(~~de~~s morgens)	*morgens*
's middags	(~~de~~s middags)	*mittags*

- beim Plural von Substantiven, die auf einem Vokal (**a, i, o, u** oder **y**) enden:

schema**'s**	*Schemas*	taxi**'s**	*Taxis*
auto**'s**	*Autos*	menu**'s**	*Menüs*

▶ Kapitel Plural auf –s, Seite 16.

- als Genitivandeutung bei Eigennamen, die auf einem **s**-Laut oder einem Vokal enden:

Frans' broek	*Franz' Hose*	**Max'** huis	*Max' Haus*
Maria's oma	*Marias Oma*		

- bei Pluralformen und Wörtern, die aus einem Buchstaben oder Buchstabenkombinationen bestehen:

twee **b's**	*zwei B*	**wc's**	*Toiletten*

2 De, het en een – Artikel

Unbestimmter Artikel

Der unbestimmte Artikel lautet immer **een** und ist unveränderlich. Wie im Deutschen kann ein unbestimmter Artikel nur im Singular vor einem Substantiv stehen.

Singular		
männlich, weiblich	**een** man, **een** vrouw	*ein Mann, eine Frau*
sächlich	**een** kind	*ein Kind*

Zo und **een** werden meistens zu **zo'n** zusammengezogen. Die Aussprache entspricht der in **zoon** *(Sohn)*:

Ik heb **zo'n** honger.	*Ich habe so einen Hunger.*
Dat is niet **zo'n** interessant boek.	*Das ist nicht so ein interessantes Buch.*

Bestimmter Artikel

Im Niederländischen gibt es im Singular die zwei bestimmten Artikel **de** und **het.** Alle männlichen und weiblichen Wörter erhalten den unveränderlichen bestimmten Artikel **de;** alle sächlichen erhalten den unveränderlichen bestimmten Artikel **het.** Im Plural kennt das Niederländische nur die Form **de.**

Singular		
männlich, weiblich	**de** man, **de** vrouw	*der Mann, die Frau*
sächlich	**het** kind	*das Kind*
Plural		
männlich, weiblich	**de** mannen, **de** vrouwen	*die Männer, die Frauen*
sächlich	**de** kinderen	*die Kinder*

Obwohl **de** häufig den Artikeln *der* oder *die* entspricht und **het** oft dem Artikel *das*, ist es doch sinnvoll, den bestimmten Artikel im Singular bei neuen Vokabeln mitzulernen:

de auto	*das Auto*	**de** radio	*das Radio*

► Liste im Anhang **Soms is het anders dan je denkt**, Seite 97.

Ein **het**-Wort ist immer sächlich.
Ob ein **de**-Wort männlich oder weiblich ist, ist etwas schwieriger zu sagen, da das Gefühl für den Gebrauch in weiten Teilen des niederländischen Sprachraums verloren gegangen ist. Dieser Unterschied kann aber für den Gebrauch der Personalpronomen oder Possessivpronomen wichtig sein.
In offiziellen Schreiben sollte das richtige Geschlecht verwendet werden. Im Zweifelsfall muss man in einem Wörterbuch nachschlagen:

De commissie heeft **haar** werkzaamheden beëindigd.	*Der Ausschuss hat seine Aufgaben beendet.*

► Zu **hij/hem, zij/haar** Kapitel Personalpronomen, Seite 38 ff.

► Zu **zijn, haar** Kapitel Possessivpronomen, Seite 42 f.

3 Vogels, bloemen, kinderen – Substantiv

Plural

Anders als im Deutschen wird im Niederländischen der Plural *immer* mit einer Endung gebildet; wie schon erwähnt, lautet der Artikel im Plural immer **de:**

de leraar	*der Lehrer*	de **leraren**	*die Lehrer*

Plural auf -en

Die Endung **-en** wird dem größten Teil der Substantive angehängt. Mit dieser Endung fügt man eine neue Silbe hinzu, daher muss man die bereits erwähnten Rechtschreibregeln beachten, zum Beispiel:

de zonnebril	*die Sonnenbrille*	**zonnebrillen**	*Sonnenbrillen*
de maan	*der Mond*	**manen**	*Monde*
de man	*der Mann*	**mannen**	*Männer*

f → v			
de nee**f**	*der Cousin/Neffe*	**neven**	*Cousins, Neffen*
de die**f**	*der Dieb*	**dieven**	*Diebe*

s → z			
de prij**s**	*der Preis*	**prijzen**	*Preise*
het hui**s**	*das Haus*	**huizen**	*Häuser*

Auch nach **m**, **n** und **r** findet ein s/z-Wechsel statt:

s → z			
de laar**s**	*der Stiefel*	**laarzen**	*Stiefel*
de hal**s**	*der Hals*	**halzen**	*Hälse*

! Es gibt einige Ausnahmen, bei denen die stimmlosen Konsonanten **s** und **f** erhalten bleiben, zum Beispiel

- bei folgenden Wörtern:

de dan**s**	*der Tanz*	**dansen**	*Tänze*
de ei**s**	*die Forderung*	**eisen**	*Forderungen*
de kaar**s**	*die Kerze*	**kaarsen**	*Kerzen*
de kan**s**	*die Chance*	**kansen**	*Chancen*
de ker**s**	*die Kirsche*	**kersen**	*Kirschen*

de koer**s**	*der Kurs*	**koersen**	*Kurse*
de kou**s**	*der Strumpf*	**kousen**	*Strümpfe*
de men**s**	*der Mensch*	**mensen**	*Menschen*
de pol**s**	*der Puls; das Handgelenk*	**polsen**	*Pulse, Handgelenke*
de prin**s**	*der Prinz*	**prinsen**	*Prinzen*
de wen**s**	*der Wunsch*	**wensen**	*Wünsche*

- bei den Lehnwörtern auf **-graaf** und **-soof**:

de para**graaf**	*der Paragraph*	para**grafen**	*Paragraphen*
de filo**soof**	*der Philosoph*	filo**sofen**	*Philosophen*

Einige Substantive, die im Singular einen kurzen Vokal haben, erhalten bei der Pluralbildung auf **-en** einen langen Vokal:

kurz		lang	
het bad	*das Bad*	baden	*Bäder*
het bedrag	*der Betrag*	bedragen	*Beträge*
de dag	*der Tag*	dagen	*Tage*
het dak	*das Dach*	daken	*Dächer*
het gat	*das Loch*	gaten	*Löcher*
het glas	*das Glas*	glazen	*Gläser*
het graf	*das Grab*	graven	*Gräber*
het pad	*der Pfad*	paden	*Pfade*
het verdrag	*der Vertrag*	verdragen	*Verträge*
het verslag	*der Bericht*	verslagen	*Berichte*
het bevel	*der Befehl*	bevelen	*Befehle*
het spel	*das Spiel*	spelen	*Spiele*
de weg	*der Weg*	wegen	*Wege*
de god	*der Gott*	goden	*Götter*
de oorlog	*der Krieg*	oorlogen	*Kriege*
het slot	*das Schloss*	sloten	*Schlösser*

Darüber hinaus ändert sich der Vokal im Wortinneren (Änderung des Lautwertes)

- zum Beispiel bei den Wörtern:

de stad	*die Stadt*	st**e**den	*Städte*
het lid	*das Glied*	l**e**den	*Glieder*
het schip	*das Schiff*	sch**e**pen	*Schiffe*

- beim Suffix **–heid**:

de bijzonder**heid**	*die Besonderheit*	bijzonder**heden**	*Besonderheiten*

Endet ein Substantiv auf **–ee** oder auf betontem **–ie** wird ein Teilungszeichen (Trema) gesetzt:

het id**ee**	*die Idee*	**ideeën**	*Ideen*
de kop**ie**	*die Kopie*	**kopieën**	*Kopien*

Auf einem unbetonten **–ie** endende Substantive bilden jedoch den Plural mit **–s.**

▶ Kapitel Plural auf –s, Seite 17).

Um in Erfahrung zu bringen, auf welcher Silbe ein Wort betont wird, muss man ein Wörterbuch zu Rate ziehen.

Durch das Anhängen von -**en** wird eine neue Silbe gebildet, die auch tatsächlich ausgesprochen werden muss. Das **e** darf nicht verschluckt werden, das **n** hingegen wird in weiten Teilen des niederländischen Sprachraums weggelassen.

Plural auf -s

Folgende Substantive erhalten im Plural ein **–s**:

- Substantive, die zwei oder mehr Silben haben und auf einem unbetonten **-el, -em, -en, -er, -erd, -aar, -aard** enden, sowie alle Diminutive:

de taf**el**	*der Tisch*	**tafels**	*Tische*
het mod**em**	*das Modem*	**modems**	*Modems*
de jong**en**	*der Junge*	**jongens**	*Jungen*
de vad**er**	*der Vater*	**vaders**	*Väter*
de stomm**erd**	*der Blödmann*	**stommerds**	*Blödmänner*
de bedel**aar**	*der Bettler*	**bedelaars**	*Bettler*
de dronk**aard**	*der Alkoholiker*	**dronkaards**	*Alkoholiker*

- Die meisten Lehnwörter, die auf einem Konsonanten enden und in der Herkunftssprache auch den Plural auf **–s** bilden:

de film	*der Film*	**films**	*Filme*
de computer	*der Computer*	**computers**	*Computer*
de roman	*der Roman*	**romans**	*Romane*

- Substantive, die auf unbetontem **–ie** enden:

fam*i*l**ie**	*die Familie*	**families**	*Familien*
organis*a*t**ie**	*die Organisation*	**organisaties**	*Organisationen*

Ausnahmen:

de bact*e*r**ie**	*die Bakterie*	**bacteriën**	*Bakterien*
de p*o*rie	*die Pore*	**poriën**	*Poren*

Nur im Plural kommen vor:

chemic*a*l**iën**	fin*a*nc**iën**	genit*a*l**iën**

Die Endung Apostroph + **s** (**'s**) wird bei Substantiven angehängt, die auf **-a, -i, -o, -u** oder **-y** enden. Dies ist nötig, da sich sonst der Vokalwert – die Länge des Vokals im Wortinnern - verändern würde:

de firm**a**	*die Firma*	**firma's**	*Firmen*
de tax**i**	*das Taxi*	**taxi's**	*Taxis*
de aut**o**	*das Auto*	**auto's**	*Autos*
de parapl**u**	*der Regenschirm*	**paraplu's**	*Regenschirme*
de bab**y**	*das Baby*	**baby's**	*Babys*

Wenn ein angehängtes **–s** die Aussprache nicht beeinflusst, wird jedoch kein Apostroph geschrieben:

het bureau	*der Schreibtisch*	**bureaus**	*Schreibtische*
het café	*die Kneipe*	**cafés**	*Kneipen*
de actie	*die Aktion*	**acties**	*Aktionen*
het kusje	*das Küsschen*	**kusjes**	*Küsschen*

Einige Wörter kennen sowohl die Pluralendung **–en** als auch **-s.** In der Standardsprache wird jedoch die Endung auf **–en** bevorzugt:

de directeur	*der Direktor*	**directeuren, (directeurs)**	*Direktoren*
de leraar	*der Lehrer*	**leraren, (leraars)**	*Lehrer*
de motor	*der Motor, das Motorrad*	**motoren, (motors)**	*Motoren*
de redacteur	*der Redakteur*	**redacteuren, (redacteurs)**	*Redakteure*

Plural auf -eren

Eine kleine Anzahl von Substantiven erhält die Pluralendung **–eren:**

het ei	*das Ei*	**eieren**	*Eier*
het kind	*das Kind*	**kinderen**	*Kinder*

!	het blad	*das Blatt*	**bladeren**	*(Pflanzen-)Blätter*
			bladen	*(Papier-)Blätter, Zeitschriften*

Weitere Pluralformen häufig verwendeter Wörter:

het album	*das Album*	**albums**	*Alben*
de catalogus	*der Katalog*	**catalogi**	*Kataloge*
de crisis	*die Krise*	**crises**	*Krisen*
de cursus	*der Kurs*	**cursussen**	*Kurse*
de koe	*die Kuh*	**koeien**	*Kühe*
het museum	*das Museum*	**musea**	*Museen*

Kasus

Anders als im Deutschen werden die Artikel und Substantive nicht aufgrund ihrer Funktion im Satz dekliniert, sondern bleiben unverändert:

Het kind speelt met **de hond.** — *Das Kind spielt mit dem Hund.*
De man woont in **de stad.** — *Der Mann wohnt in der Stadt.*

Eine Ausnahme bildet das **Genitiv-s.** Dieses wird bei Eigennamen und bei einigen Personenbezeichnungen angehängt:

Jan**s** boeken — *Jans Bücher*
vader**s** geld — *Vaters Geld*

Eigennamen, die auf einem **–a, -i, -o, -u** oder **–y** enden, erhalten ein **'s** :

Sara**'s** kamer — *Saras Zimmer*
Lotti**'s** kind — *Lottis Kind*

Will man den Genitiv umgehen, ist hier auch die Konstruktion mit **van** *(von)* möglich:

de boeken **van Jan** — het geld **van vader**
de kamer **van Sara** — het kind **van Lotti**

Nur noch in feststehenden Ausdrücken findet man alte Kasusformen des Artikels:

's avonds (**des** avonds) *abends*
's morgens (**des** morgens) *morgens*

de heer des huizes — *der Hausherr*

heden ten dage	*heutzutage*
in de loop der jaren	*im Laufe der Jahre*
in de loop der tijd	*im Laufe der Zeit*
mijns inziens	*meines Erachtens*
op den duur	*auf die Dauer*
te zijner tijd	*zu gegebener Zeit*
ten behoeve van	*zugunsten*
ten einde raad	*völlig ratlos, verzweifelt*
ten gevolge van	*infolge*
ten noorden van	*nördlich von*
ten tijde van	*zur Zeit*
ter attentie van (t.a.v.)	*zu Händen von*
ter inzage	*zur Ansicht*
ter waarde van	*im Wert von*
ter ere van	*zu Ehren von*
ter wille van	*um ... willen*
ter zake	*zur Sache*

Verkleinerungsformen

Der Gebrauch der Verkleinerungsformen ist im Niederländischen wesentlich häufiger als im Deutschen. Es werden verschiedene Nuancen damit ausgedrückt.

Bildung

In der Regel wird im Niederländischen die Verkleinerungsform (Diminutiv) durch Anhängen des Diminutivsuffixes **–je** an das Substantiv gebildet; im Deutschen lautet das Diminutivsuffix ...*chen* oder ...*lein*. Der bestimmte Artikel des Diminutivs ist immer **het:**

de fout	*der Fehler*	**het foutje**
de map	*die Mappe*	**het mapje**
het gesprek	*das Gespräch*	**het gesprekje**
de brief	*der Brief*	**het briefje**
de vraag	*die Frage*	**het vraagje**
de bus	*der Bus*	**het busje**

Das Suffix **–je** kennt die Varianten **-tje, -pje, –etje** und **–kje.** Diese werden wie folgt gebraucht:

–tje

- bei Substantiven, die auf einem Vokal oder Diphthong enden:

de trui	*der Pullover*	**het truitje**
het ei	*das Ei*	**het eitje**
het cadeau	*das Geschenk*	**het cadeautje**

!

de foto	*das Foto*	het fot**oo**tje
het café	*die Kneipe*	het caf**ee**tje

- bei Substantiven, die auf einem **-l, -n** oder **-r** enden, denen ein langer Vokal oder ein Diphthong vorangeht:

de mail	*die Mail*	**het mailtje**
het verhaal	*die Geschichte*	**het verhaaltje**
de citroen	*die Zitrone*	**het citroentje**
de cultuur	*die Kultur*	**het cultuurtje**
het gebaar	*die Gebärde*	**het gebaartje**

- bei Substantiven, die auf einem unbetonten **-er, -el, -en** oder **-or** enden:

de pleister	*das Pflaster*	**het pleistertje**
het cijfer	*die Zahl*	**het cijfertje**
de appel	*der Apfel*	**het appeltje**
de molen	*die Mühle*	**het molentje**
de motor	*der Motor, das Motorrad*	**het motortje**

! de jongen — *der Junge* — **het jongetje**

- bei Substantiven, die auf einem **-w** enden:

de duw	*der Stoß*	**het duwtje**
de leeuw	*der Löwe*	**het leeuwtje**

-pje

- bei Substantiven, die auf einem **-m** enden, dem ein langer Vokal oder ein Diphthong vorangeht:

de boom	*der Baum*	**het boompje**
het geheim	*das Geheimnis*	**het geheimpje**
het probleem	*das Problem*	**het probleempje**

- Substantive, die auf **–lm** oder **–rm** enden:

de film	*der Film*	**het filmpje**
de arm	*der Arm*	**het armpje**

- Substantive, die auf einem unbetonen **–em** oder **-um** enden:

de bezem	*der Besen*	**het bezempje**
het museum	*das Museum*	**het museumpje**

-etje

- Substantive, die auf einem **-l, -m, -n, -ng** oder **-r** enden, denen ein betonter kurz ausgesprochener Vokal vorangeht:

de bel	*die Klingel*	**het belletje**
het stel	*das Pärchen*	**het stelletje**
de stem	*die Stimme*	**het stemmetje**
het gezin	*die Familie*	**het gezinnetje**

de zon	*die Sonne*	**het zonnetje**
de ring	*der Ring*	**het ringetje**
de sprong	*der Sprung*	**het sprongetje**
de snor	*der Schnurrbart*	**het snorretje**

- einige Substantive, die auf **–b, -g** oder **–p** enden, denen ein kurz ausgesprochener Vokal vorangeht:

de brug	*die Brücke*	**het bruggetje**
de weg	*der Weg*	**het weggetje**
de pop	*die Puppe*	**het poppetje**

-kje

- viele Substantive, die auf einem unbetonten **–ing** enden; das **g** der Endung fällt dabei weg:

de ketting	*die Kette*	**het kettinkje**
de bestelling	*die Bestellung*	**het bestellinkje**
de beweging	*die Bewegung*	**het beweginkje**

! Manche Substantive, die auf **-ing** enden, haben als Diminutiv jedoch **-etje**:

de leerling	*der Schüler*	**het leerlingetje**
de wandeling	*der Spaziergang*	**het wandelingetje**
de tekening	*die Zeichnung*	**het tekeningetje**
de rekening	*die Rechnung*	**het rekeningetje**

Vokal- und Lautwert

Bei einigen Substantiven ändert sich beim Diminutiv der Grundvokal:

kurz		**lang**
het blad	*das Blatt*	**het blaadje**
het gat	*das Loch*	**het gaatje**
het glas	*das Glas*	**het glaasje**
het pad	*der Pfad*	**het paadje**
het schip	*das Schiff*	**het scheepje**

Gebrauch

Verkleinerungsformen werden verwendet, um

- etwas Kleines auszudrücken:

een nest jonge **katjes**	*ein Nest mit jungen Kätzchen*
een idyllisch **meertje**	*ein idyllischer See*

- Misstrauen bzw. Geringschätzung auszudrücken:

Er zit een vreemd **luchtje** aan die zaak.	*An dieser Sache ist etwas faul.*
Wat spreken die Nederlanders toch een raar **taaltje**.	*Was sprechen die Niederländer doch für eine komische Sprache.*
De kaas heeft een vreemd **smaakje**.	*Der Käse hat einen merkwürdigen Geschmack.*

- eine Verniedlichung auszudrücken:

De baby van de buurman is echt een **schatje**.	*Das Baby des Nachbars ist wirklich süß.*

- etwas Positives auszudrücken:

Zet eens een leuk **muziekje** op.	*Mach doch mal schöne Musik an.*
Lekker **wijntje**!	*Leckerer Wein!*

Oft werden Diminutive nicht (mehr) als Verkleinerungsform verstanden, sondern als eigenständige Wörter neben dem Grundwort gebraucht.

cd'tje	Brengen jullie ook een paar cd'tjes mee naar het feestje?	*Bringt ihr auch ein paar CDs zu der Party mit?*
grapje	Ik bedoelde het niet zo, het was maar een grapje.	*Ich hab es nicht so gemeint, es war nur ein Scherz.*
kopje	Wil je nog een kopje koffie?	*Magst du noch eine Tasse Kaffee?*
mailtje	Als je nog vragen hebt, stuur dan even een mailtje.	*Wenn du noch Fragen hast, kannst du gerne noch eine Mail schicken.*
puntje	Hebben jullie nog puntjes voor de vergadering?	*Habt ihr noch Punkte für die Besprechung?*
vraagje	Ik heb nog even een vraagje.	*Ich habe nochmal eine Frage.*
plusje	Als je de vraag goed beantwoordt, krijg je een plusje en anders een minnetje.	*Wenn du die Frage richtig beantwortest, bekommst du einen Plus-, ansonsten einen Minuspunkt.*
dagje uit	Met Hemelvaart gaan we een dagje uit.	*Zu Himmelfahrt machen wir einen Tagesausflug.*
restjes	We hebben bijna alles opgegeten, er zijn nog een paar restjes overgebleven.	*Wir haben fast alles aufgegessen, es sind noch ein paar Reste übrig geblieben.*

Viele Diminutive bekommen gegenüber dem Grundwort eine eigene Bedeutungsnuance:

de telefoon	De telefoon is kapot.	*Das Telefon ist kaputt.*
het telefoontje	Er zijn drie telefoontjes geweest.	*Es gab drei Anrufe.*
het ijs	Er wordt meer ijs verkocht.	*Es wird mehr Eis verkauft.*
het ijsje	We gingen gisteren een ijsje eten.	*Wir waren gestern ein Eis essen.*
snoep	Snoep bevat veel suiker.	*Süßigkeiten enthalten viel Zucker.*
het snoepje	Je hebt al drie snoepjes op.	*Du hast schon drei Bonbons gehabt.*
de doos	Ik doe de oude kranten in een grote doos.	*Ich tue die alten Zeitungen in einen großen Karton.*
het doosje	Er lag een doosje sigaretten op tafel.	*Es lag eine Schachtel Zigaretten auf dem Tisch.*

Viele Wörter kommen nur in der Verkleinerung vor:

het **enkeltje**	*eine einfache Fahrkarte*
het **nieuwtje**	*Neuigkeit*
het **toetje**	*Nachtisch*
een **ommetje** maken	*eine Runde drehen*

4 Een mooie boel - ik blijf liever thuis - Adjektiv und Steigerungsformen

Form des Adjektivs

Wenn ein Adjektiv mit einem bestimmten Artikel direkt vor dem Substantiv steht, bekommt es meistens die Endung **-e**:

mit bestimmtem Artikel		
	de fiets	het boek
Singular Plural	**de** oud**e** fiets **de** oud**e** fietsen	**het** oud**e** boek **de** oud**e** boeken

Wenn anstelle des bestimmten Artikels ein Demonstrativ- oder Possessivpronomen vorangeht, wird ebenfalls ein **–e** angehängt:

deze oud**e** fiets — *dieses alte Fahrrad*
dit oud**e** boek — *dieses alte Buch*
mijn oud**e** boek — *mein altes Buch*

Wenn der unbestimmte Artikel **een** vor einem het-Wort im Singular steht, entfällt die Endung **–e**:

mit unbestimmtem Artikel		
	de fiets	het boek
Singular Plural	**een** oud**e** fiets oud**e** fietsen	**een** oud boek oud**e** boeken

Geht einem het-Wort im Singular kein Artikel voraus, entfällt ebenfalls die Endung **–e**. Bei de-Wörtern wird die Endung jedoch gesetzt:

ohne Artikel	
(het) brood oud brood	(de) wijn lekker**e** wijn

Bei het-Wörtern entfällt die Endung **–e** im Singular auch nach:

geen *(kein)*	Dat is geen oud huis.	*Das ist kein altes Haus.*
elk *(jede(r/s))*	Ik begin elk nieuw jaar met goede voornemens.	*Ich beginne jedes neue Jahr mit guten Vorsätzen.*
genoeg *(genug)*	Is er genoeg koud bier?	*Gibt es genug kaltes Bier?*
ieder *(jeder(r/s))*	Ieder vrij ogenblik werkt ze aan het onderzoek.	*Sie arbeitet jeden freien Augenblick an dem Forschungsprojekt.*
veel *(viel)*	De bakker verkoopt veel lekker brood.	*Der Bäcker verkauft viel leckeres Brot.*

wat *(etwas)*	Ze koopt wat rood papier voor de kerstcadeautjes.	*Sie kauft rotes Papier für die Weihnachtsgeschenke.*
weinig *(wenig)*	Jongeren eten weinig vers fruit.	*Jugendliche essen wenig frisches Obst.*
welk *(welche(r/s))*	Uit welk oud boek komt die illustratie?	*Aus welchem alten Buch stammt dieses Bild?*
zo'n *(solch ein)*	Vind jij Big Brother ook zo'n leuk programma?	*Findest du auch, dass Big Brother so eine schöne Sendung ist?*
zulk *(solch)*	Vandaag is het niet zulk lekker weer.	*Heute ist das Wetter nicht so schön.*

Steht das Adjektiv nach dem Substantiv in prädikativer Stellung, erhält es wie im Deutschen keine Endung:

Het huis is **oud**.	*Das Haus ist alt.*
De boeken zijn **duur**.	*Die Bücher sind teuer.*

(!) Bei den Adjektiven gilt es wieder, die Rechtschreibregeln zu beachten:

groot	**gro - te**	een grote stad	*eine große Stadt*
snel	**snel - le**	een snelle auto	*ein schnelles Auto*
lie**f**	**lie - ve**	een lieve hond	*ein lieber Hund*
boo**s**	**bo - ze**	een boze brief	*ein böser Brief*

Unveränderliche Adjektive

Einige Adjektive bekommen keine Endung. Dazu zählen:

- Adjektive auf **–en**; hierzu gehören auch die adjektivisch gebrauchten Partizipien auf **–en**:

dronken	de dronken automobilist	*der betrunkene Fahrer*
eigen	mijn eigen studeerkamer	*mein eigenes Arbeitszimmer*
ontevreden	de ontevreden kinderen	*die unzufriedenen Kinder*
verkouden	de verkouden leraar	*der erkältete Lehrer*
gebroken	de gebroken kopjes	*die zerbrochenen Tassen*
overgebleven	de overgebleven koekjes	*die übrig gebliebenen Plätzchen*

Partizipien, die nicht auf **–en** enden, folgen den normalen Regeln, wenn sie als Adjektiv verwendet werden:

het druk bezocht**e** museum	*das viel besuchte Museum*
de besteld**e** boeken	*die bestellten Bücher*
een leegstaand huis	*ein leer stehendes Haus*

- Stoffadjektive bzw. Adjektive, die die materielle Beschaffenheit bezeichnen:

de **gouden** ring	*der Goldring*

het **zilveren** kettinkje	*das silberne Kettchen*
een **houten** bank	*eine Holzbank*
een **betonnen** fundament	*ein Betonfundament*

Einige Stoffadjektive, die *nicht* auf **–en** enden, bleiben ebenfalls unverändert:

een **plastic** tasje	*eine Plastiktüte*
rubber laarzen	*Gummistiefel*

- Adjektive auf **–a** oder unbetontem **–e:**

rose snoepjes	*rosa Bonbons*
een **prima** beslissing	*eine hervorragende Entscheidung*

- Adjektive, bei denen der erste Teil eine Ordnungszahl ist:

tweedehands fietsen	*Gebrauchträder*
een **derderangs** acteur	*ein drittklassiger Schauspieler*

! Nicht flektiert werden **rechter** und **linker:**

de **rechter** tafel	*der rechte Tisch*
de **linker** foto	*das linke Foto*

Selbstständiger Gebrauch

Das Adjektiv kann auch selbstständig verwendet werden, das heißt, es kann auch ohne Substantiv stehen. Dies ist der Fall

- wenn das dazugehörige Substantiv im Satz bereits genannt worden ist oder später benannt wird:

Welke broek wil je hebben, **de groene** of **de gele**?	*Welche Hose willst du haben, die grüne oder die gelbe?*

- wenn das Adjektiv in Kombination mit **iets** *(etwas)*, **niets** *(nichts)*, **veel** *(viel)*, **wat** *(etwas)*, **allerlei** *(allerlei)*, **wat voor** *(was für)*, **genoeg** *(genug)* oder **weinig** *(wenig)* gebraucht wird. Dem Adjektiv wird dabei ein **-s** angehängt:

Ik moet **iets** nieuws kopen.	*Ich muss etwas Neues kaufen.*
Op het kinderfeestje kregen ze **allerlei lekkers**.	*Auf dem Kindergeburtstag bekamen sie allerlei leckere Dinge.*
Weet je nog **wat leuks** voor moederdag?	*Weißt du noch etwas Schönes für Muttertag?*

Aus dem Adjektiv ist ein Substantiv geworden: man spricht daher vom substantivischen Gebrauch des Adjektivs.

Steigerungsformen

Regelmäßige Steigerungsformen

Wie im Deutschen gibt es auch im Niederländischen drei Steigerungsformen:

Positiv	Komparativ	Superlativ	
klein groot	klein**er** grot**er**	klein**st** groot**st**	*klein* *groß*
Grundform	Grundform + -er	Grundform + -st	

Die Steigerungsformen Positiv, Komparativ und Superlativ werden benutzt, um Unterschiede und Gemeinsamkeiten auszudrücken.

Die Steigerungsformen folgen den Regeln des Adjektivs, das heißt, es muss gegebenenfalls zusätzlich zur Steigerungsendung die Endung **-e** angehängt werden:

de nieuwst**e** druk van dit boek — *die neuste Ausgabe dieses Buches*
oudere mensen — *ältere Leute*

Der **Positiv** entspricht der Grundform des Adjektivs. Er wird verwendet, um eine Gemeinsamkeit zwischen Personen oder Sachen auszudrücken. Man gebraucht den Positiv in Verbindung mit **even/net zo/precies zo ... als** *(ebenso/genauso ... wie):*

even **net zo** **precies zo**	+	Positiv	**als**

Hans is **even oud als** Jan. — *Hans ist genauso alt wie Jan.*
Mijn auto is **net zo oud als** jouw auto. — *Mein Auto ist genauso alt wie dein Auto.*
Het boek is **precies zo duur als** de cd. — *Das Buch ist genauso teuer wie die CD.*

- Der Positiv kann verneint oder nuanciert werden, zum Beispiel durch **niet, bijna** usw.:

  Mijn zus is **bijna zo groot als** ik. — *Meine Schwester ist fast so groß wie ich.*
  Mijn schoenen zijn **(lang) niet zo duur als** jouw schoenen. — *Meine Schuhe sind (lange) nicht so teuer wie deine Schuhe.*

Der **Komparativ** drückt einen Unterschied zwischen Personen und Sachen aus. Er wird durch Anhängen der Endung **–er** an die Grundform gebildet. In prädikativer Stellung ist der Komparativ wie im Deutschen unverändert. Das Vergleichswort lautet **dan** *(als):*

Komparativ	+	**dan**

Is deze computer **sneller dan** de computer die daar staat? — *Ist dieser Computer schneller als der Computer der dort steht?*

Mijn hond is een beetje **groter dan** jullie hond. — *Mein Hund ist etwas größer als euer Hund.*

- Wird der Komparativ **attributiv**, d. h. direkt vor einem Substantiv, gebraucht, erhält er in Verbindung mit dem bestimmten Artikel im Singular und im Plural die Endung **–e.** Bei het-Wörtern entfällt die Endung **–e**, wenn der unbestimmte Artikel **een** vorausgeht:

Singular			
de-Wort	de	modern**ere** auto	*das modernere Auto*
	een	modern**ere** auto	*ein moderneres Auto*
het-Wort	het	interessant**ere** boek	*das interessantere Buch*
	een	interessant**er** boek	*ein interessanteres Buch*
Plural			
	de	modern**ere** auto's	*die neueren Autos*
		modern**ere** auto's	*neuere Autos*
	de	interessant**ere** boeken	*die interessanteren Bücher*
		interessant**ere** boeken	*interessantere Bücher*

Der **Superlativ** drückt in einem Vergleich zwischen Personen oder Sachen den höchsten Grad des Unterschieds aus.

Wird der Superlativ **attributiv**, d. h. direkt in Verbindung mit einem Substantiv, gebraucht, geht ihm der bestimmte Artikel voraus, die Superlativform erhält zudem im Singular und im Plural die Endung **–e**:

de **het**	Superlativ	+	**-e**

de oudste medewerkster	*die älteste Mitarbeiterin*
de kleinste boom	*der kleinste Baum*
de mooiste maand	*der schönste Monat*
het jongste meisje	*das jüngste Mädchen*
het interessantste boek	*das interessanteste Buch*
de langste dagen	*die längsten Tage*

Mit der festen Verbindung **het** + Superlativ ohne e-Endung wird der selbstständige bzw. prädikative Gebrauch des Superlativs ausgedrückt. Im Deutschen entspricht dies *am ....sten*:

het	+	Superlativ

Jet is groot, Willem is grot**er** en Kees is **het** groot**st**. — *Jet ist groß, Willem ist größer und Kees ist am größten.*

Van al mijn broers is Jan **het** klein**st.**	*Von all meinen Brüdern ist Jan am kleinsten.*

Es kann in diesen Fällen aber auch – wie im Deutschen - der Superlativ mit **-e** gebraucht werden; in diesem Fall wird **de** oder **het** vorangestellt:

Jet is groot, Willem is grot**er** en Kees is **de** groot**ste**.	*Jet ist groß, Willem ist größer und Kees ist der größte.*
Er stonden drie huizen te koop. We hebben **het mooiste** gekocht.	*Es standen drei Häuser zum Verkauf. Wir haben das schönste gekauft.*

Besonderheiten

- Adjektive auf **–r** erhalten beim Komparativ **–der**; der Superlativ wird regelmäßig auf **–st** gebildet:

duur	duur**der**	duur**st**
lekker	lekker**der**	lekker**st**

- Adjektive auf **–s** nehmen im Superlativ die Endung **–t;** häufig wird jedoch bei diesen Adjektiven der Superlativ mit **meest** umschrieben:

wijs	*klug*	wijs**t**	de **meest wijze** vrouw
vies	*dreckig*	vies**t**	de **meest vieze** mop

- Auch Adjektive auf **–isch, -sd, -st** oder **-ts** bilden den Superlativ mit **meest**:

de **meest logische** oplossing	*die logischste Lösung*
Wie kijkt het **meest verbaasd**?	*Wer guckt am erstauntesten?*
het **meest ongepaste** gedrag	*das unangemessenste Verhalten*
de **meest trotse** ouders	*die stolzesten Eltern*

Der Superlativ kann durch **aller-** verstärkt werden:

Hier hebben ze het **allerlekkerste** ijs. *Hier gibt es das allerleckerste Eis.*

Unregelmäßige Steigerungsformen

Folgende Wörter haben unregelmäßige Steigerungsformen:

Positiv	Komparativ	Superlativ	
goed	**beter**	**best**	*gut*
veel	**meer**	**meest**	*viel*
weinig	**minder**	**minst**	*wenig*

Hij werkt **minder hard dan** ik.	*Er arbeitet weniger hart als ich.*
Ik verdien **het minst.**	*Ich verdiene am wenigsten.*
Ik drink **het meest.**	*Ich trinke am meisten.*
Je kunt **het best** thuis blijven.	*Du kannst am besten zu Hause bleiben.*

Ebenfalls unregelmäßig wird das Adverb **graag** gesteigert:

Positiv	Komparativ	Superlativ	
graag	**liever**	**liefst**	*gerne*

▶ Zu **veel** und **weinig** auch Kapitel Indefinitpronomen, Seite 50.

Bei der Komparativbildung entsteht eine neue Silbe, daher muss man immer auf die Rechtschreibregeln achten:

groot	gro-ter	grootst
dik	dik-ker	dikst

Verstärkung von Adjektiven und Adverbien

Man kann Adjektive oder Adverbien etwas mehr hervorheben, indem man ein (weiteres) Adverb hinzufügt:

een	**tamelijk** **nogal** **vrij** **redelijk**	rustige buurt.
eine	*ziemlich*	*ruhige Gegend*
Het is een	**heel**	saai boek.
Das ist ein	*sehr/ganz*	*langweiliges Buch.*
Het is een	**heel erg**	saai boek.
Das ist ein	*sehr, sehr*	*langweiliges Buch.*
We zijn	**bijzonder** **zeer**	ontevreden met de resultaten.
Wir sind	*sehr*	*unzufrieden mit den Ergebnissen.*

5 Graag gedaan - Adverb

Ein Adverb ist ein Wort, das etwas über ein Verb, Adjektiv oder ein anderes Wort bzw. einen Satz aussagt. Adverbien werden im Niederländischen in der Regel wie im Deutschen verwendet.

Morgen ben ik jarig. — *Morgen habe ich Geburtstag.*

Ursprüngliche Adverbien

Wie im Deutschen gibt es eine Vielzahl von Adverbien. Hier werden einige Beispiele gegeben, die u. a. nach ihrer Funktion und Bedeutung sortiert sind:

- verbindende Adverbien: **daardoor** *(dadurch)*, **daarom** *(darum)*, **toen** *(dann):*

  Ik heb de keuken nog opgeruimd, **daarom** ben ik te laat. — *Ich habe die Küche noch aufgeräumt, darum bin ich zu spät.*

- Interrogativadverbien: **waar** *(wo)*, **waarom** *(warum)*, **wanneer** *(wann):*

  Wanneer komen jullie? — *Wann kommt ihr?*

- Adverbien der Zeit: **daarna** *(danach)*, **dan** *(dann)*, **gisteren** *(gestern)*, **morgen** *(morgen)*, **nu** *(jetzt)*, **vandaag** *(heute):*

  Ik kom **morgen** langs. — *Ich komme morgen vorbei.*

- Adverbien des Ortes: **daar** *(da)*, **hier** *(hier)*, **links** *(links)*, **naartoe** *(hin)*, **rechts** *(rechts):*

  Je moet eerst **rechts** en dan **links**. — *Du musst erst rechts und dann links.*

- einige weitere Adverbien: **al** *(schon)*, **bovendien** *(außerdem)*, **eigenlijk** *(eigentlich)*, **graag** *(gerne)*, **heel** *(sehr)*, **immers** *(denn, jedenfalls)*, **misschien** *(vielleicht)*, **niet** *(nicht)*, **nog** *(noch)*, **ook** *(auch)*, **soms** *(manchmal)*, **trouwens** *(übrigens)*, **vaak** *(oft)*, **zelfs** *(sogar):*

  Ik eet **graag** chips. — *Ich esse gerne Chips.*
  Hij heeft **zelfs** twee auto's. — *Er hat sogar zwei Autos.*

! Das Adverb **zelfs** ist nicht zu verwechseln mit dem Demonstrativpronomen **zelf** *(selbst, selber):*

Dat heeft hij **zelf** gezegd. — *Das hat er selbst gesagt.*

Adverbien sind unveränderlich. Allerdings besitzen einige Adverbien Steigerungsformen:

Positiv	Komparativ	Superlativ	
graag	**liever**	**liefst**	*gerne*
vaak	**vaker**	**vaakst**	*häufig, oft*

Ze drinkt **het liefst** cola. — *Sie drinkt am liebsten Cola.*
Ik kijk **vaker** tv dan jij. — *Ich gucke häufiger Fernsehen als du.*

Adverbialer Gebrauch von Adjektiven

Wie im Deutschen können auch Adjektive sowie deren Steigerungsformen als Adverb verwendet werden:

We hebben **hard** gewerkt. — *Wir haben hart gearbeitet.*
Hij loopt **sneller** dan ik. — *Er geht schneller als ich.*
Kees kan **het snelst** rennen. — *Kees kann am schnellsten rennen.*

▶ Mehr über Steigerungsformen bei Adjektiven findet man im Kapitel Steigerungsformen, Seite 28 ff.

Das Adverb **er**

Es gibt mehrere Funktionen von **er**:

- lokales **er**
- partitives **er**
- **er** + Präposition (Pronominaladverb)
- **er** als Platzhalter
- **er** als Subjekt in passiven Sätzen.

▶ Für partitives **er** Kapitel Partitives er, Seite 48.
▶ Eine Übersicht über die Funktionen von **er** befindet sich im Anhang, Seite 98.

Lokales er

Das lokale **er** ist eine unbestimmte Ortsangabe. Es deutet auf einen aus dem Zusammenhang hervorgehenden Ort hin. **Er** wird nicht betont und steht nie am Satzanfang:

Kom je vaak **in Utrecht**? — *Kommst du oft nach Utrecht?*
Ja, ik kom **er** vaak. — *Ja, da bin ich oft.*

Hou je ook zo **van Parijs**? — *Magst du Paris auch so sehr?*
Ik ben **er** nog nooit geweest. — *Ich war noch nie dort.*

Is Klaas **thuis**? — *Ist Klaas zu Hause?*
Nee, hij is **er** niet. — *Nein, er ist nicht da.*

Wenn die Ortsbestimmung betont werden soll, verwendet man **daar** (Entfernung) oder **hier** (keine oder geringe Entfernung):

Kom je vaak **in Utrecht**? *Kommst du regelmäßig nach Utrecht?*
Nee, **daar** kom ik eigenlijk nooit. *Nein, da bin ich eigentlich nie.*

Waar is Jan? *Wo ist Jan?*
Hier is hij niet, ik denk dat hij in de kantine is. *Hier ist er nicht, ich denke, er ist in der Kantine.*

Er + Präposition (Pronominaladverb)

Die Objektformen der Personalpronomen können sich auf Personen und auf Sachen beziehen:

Ik zie **de buurman**. *Ich sehe den Nachbarn.*
Ik zie **hem**. *Ich sehe ihn.*

Ik koop **een nieuwe computer**. *Ich kaufe einen neuen Computer.*
Ik koop **hem**. *Ich kaufe ihn.*

Bei Personen können sie in Verbindung mit einer Präposition vorkommen:

Ik praat **met** de buurman. *Ich rede mit dem Nachbarn.*
Ik praat **met hem**. *Ich rede mit ihm.*

Bei Sachen ist dies in Verbindung mit einer Präposition nicht möglich. Hier übernimmt das Wort **er** die Rolle des Personalpronomens. Mit anderen Worten: Wenn die Objektformen der Personalpronomen **hem, het** und **ze** sich nicht auf eine Person, sondern auf eine Sache beziehen, werden diese durch **er** ersetzt:

Ik zit **op** de tafel. *Ich sitze auf dem Tisch.*
Ik zit **erop.** *Ich sitze darauf.*

Ik denk **aan** die leuke jurk. *Ich denke an dieses tolle Kleid.*
Ik denk **eraan**. *Ich denke daran.*

In längeren Sätzen werden **er** und Präposition häufig getrennt:

Hij vertelt **over** zijn vakantie. *Er erzählt über seinen Urlaub.*
Hij vertelt **er** al uren **over**. *Er erzählt schon stundenlang davon.*

Heb je al iets gehoord van die baan? *Hast du schon was von der Stelle gehört?*
Nee, ik heb **er** nog niets **van** gehoord. *Nein, ich habe noch nichts gehört.*

Einige Präpositionen verändern sich in Verbindung mit **er:**

er + naar → ernaartoe

Wenn **naar** eine Richtung andeutet, ändert es sich in Verbindung mit **er** in **ernaartoe**:

Richtung	We gaan **naar** de bioscoop. We gaan **ernaartoe.**	*Wir gehen ins Kino.* *Wir gehen dorthin.*
keine Richtung	Ik kijk **naar** de bloemen. Ik kijk **ernaar.**	*Ich sehe mir die Blumen an.* *Ich sehe sie mir an.*

er + van → ervandaan

Wenn **van** eine Richtung andeutet, ändert es sich in Verbindung mit **er** in **ervandaan**:

Richtung	Hij komt net **van** zijn werk.	*Er kommt gerade von der Arbeit.*
	Hij komt er net **vandaan.**	*Er kommt gerade daher.*
keine Richtung	Weet je iets **van** computers?	*Kennst du dich mit Computern aus?*
	Ik weet **er** niet veel **van.**	*Ich habe nicht viel Ahnung davon.*

er + met → ermee

Met ändert sich in Verbindung mit **er** in **ermee:**

Wat doe je **met** dat mes?	*Was machst du mit dem Messer?*
Ik snijd **er** brood **mee.**	*Ich schneide Brot damit.*

er + tot → ertoe

Tot ändert sich in Verbindung mit **er** in **ertoe:**

Zij behoren **tot** een groep extremisten.	*Sie gehören zu einer Gruppe Extremisten.*
Behoort hij **er** ook **toe?**	*Gehört er auch dazu?*

Er kann nicht betont werden und kann deswegen in Verbindung mit einer Präposition nicht am Satzanfang stehen. Um eine Betonung auszudrücken, müssen **hier** und **daar** verwendet werden:

Wat doe je met dat mes?	*Was machst du mit dem Messer?*
Daar snijd ik brood **mee.**	*Damit schneide ich Brot.*
Daarmee snijd ik brood.	

Ik word gek van deze muziek!	*Diese Musik macht mich wahnsinnig!*
Hier word ik gek **van**!	*Sie macht mich wahnsinnig!*
Hiervan word ik gek!	

In längeren Sätzen wird **er** + Präposition fast immer getrennt. Die Präposition wird so weit wie möglich nach hinten im Satz verschoben: wenn nur *ein* Verb vorkommt, steht die Präposition ganz hinten, wenn noch ein Partizip hinzukommt, steht die Präposition vor dem Partizip:

Weet je iets **van** computers?	*Kennst du dich mit Computern aus?*
Nee, ik weet **er** niets **van.**	*Nein, ich weiß nichts davon.*
Nee, ik weet **er** eigenlijk helemaal niets **van.**	*Nein, ich weiß eigentlich überhaupt nichts davon.*
Nee, ik heb **er** helemaal niets **van** begrepen.	*Nein, ich habe davon überhaupt nichts verstanden.*

Er als Platzhalter

Wenn das Subjekt in einem Satz nicht bestimmt ist oder fehlt, tritt **er** als Platzhalter für das Subjekt auf.

Unbestimmte Subjekte sind zum Beispiel:

- Substantive ohne Artikel:

Er zit **wijn** in de karaf.	*Es ist Wein in der Karaffe.*
Er zijn **veel mensen** in de winkel.	*Es sind viele Menschen im Laden.*

- Substantive, denen **een** oder **geen** vorangeht:

Er slaapt **een kat** op de bank.	*Eine Katze schläft auf dem Sofa.*
Er is **geen koffie** meer.	*Es gibt keinen Kaffee mehr.*

- Substantive, denen ein (unbestimmtes) Zahlwort vorangeht:

Er staan **drie auto's** op de parkeerplaats.	*Es stehen drei Autos auf dem Parkplatz.*
Er spelen **veel kinderen** op straat.	*Es spielen viele Kinder auf der Strasse.*
Zijn er **genoeg stoelen?**	*Gibt es genügend Stühle?*
Er zijn **een heleboel mensen** naar de vergadering gekomen.	*Es sind viele Leute zur Sitzung gekommen.*

- die Indefininitpronomen **iemand, niemand, iets, niets, wat** sowie **het een en ander:**

Er heeft **iemand** voor je gebeld.	*Es hat jemand für dich angerufen.*
Er is **niemand** thuis.	*Es ist keiner zu Hause.*
Wat kijk je boos, is er **iets?**	*Was guckst du böse? Ist was?*
Er is **niets** gebeurd.	*Es ist nichts passiert.*
Er staat nog **wat** op tafel.	*Es steht noch etwas auf dem Tisch.*
Er gaat **het een en ander** veranderen.	*Es wird sich einiges ändern.*

! Wenn ein unbestimmtes Subjekt betont werden soll, steht dies meistens am Anfang eines Satzes. **Er** als Platzhalter wird dann nicht verwendet:

Niemand weet wie de moord heeft gepleegd.	*Keiner weiß, wer den Mord begangen hat.*
Iemand heeft het geheim verraden.	*Irgendjemand hat das Geheimnis verraten.*
Een kind kan dit niet gedaan hebben.	*Ein Kind kann dies nicht getan haben.*

- Substantive, denen ein Fragewort wie **hoeveel, wat voor een, welk** vorangeht:

Hoeveel mensen werken er bij dit bedrijf?	*Wie viele Menschen arbeiten bei dieser Firma?*
Welke krant ligt er op tafel?	*Welche Zeitung liegt auf dem Tisch?*

- die Fragewörter **wie** und **wat:**

Wie gaat er mee naar de bioscoop?	*Wer kommt mit ins Kino?*
Wat is er gebeurd?	*Was ist passiert?*
Weet je **wat** er gebeurd is?	*Weißt du, was passiert ist?*

! In einem Satz können **er** + Zahlwort (partitives **er**) und **er** als Platzhalter zusammen vorkommen:

Hoeveel appels zijn **er** nog?	*Wie viele Äpfel gibt es noch?*
Er zijn **er** nog vijf.	*Es sind noch fünf da.*
Liggen **er** nog handdoeken in de badkamer?	*Liegen noch Handtücher im Badezimmer?*
Er liggen **er** nog genoeg.	*Es liegen noch genug da.*

Er als Subjekt in passiven Sätzen

Er wird darüber hinaus als Subjektersatz in Passivsätzen verwendet, wenn kein eigentliches Subjekt vorhanden ist:

Er wordt gebeld. (De bel gaat.)	*Es klingelt.*
Er mag in dit gebouw niet worden gerookt. (Je mag in dit gebouw niet roken.)	*Es darf in diesem Gebäude nicht geraucht werden.*
Tijdens deze saaie colleges wordt **er** niet veel gelachen.	*Während dieser langweiligen Vorlesungen wird nicht viel gelacht.*
Er wordt van de cursisten verwacht dat ze zich goed voorbereiden.	*Man erwartet von den Kursteilnehmern, dass sie sich gut vorbereiten.*

► Zum Passiv siehe Kapitel 7 Passiv, Seite 67.

! Auch bei einer Umstellung von Subjekt und Prädikat (Inversion) bleibt **er** erhalten:

Is **er** nog brood?	*Ist noch Brot da?*
Gaat **er** nog iemand mee naar de markt?	*Kommt noch jemand mit zum Markt?*

6 Ikke en de rest – Pronomen

Personalpronomen

Man unterscheidet im Niederländischen zwischen **Subjekt-** und **Objektformen.** Fast alle besitzen eine volle und eine verkürzte Form.

Subjektformen			
	voll	verkürzt	
	betont/unbetont	unbetont	
Singular			
1. Person	ik	(´k)	*ich*
2. Person	jij	je	*du*
	u	-	*Sie*
3. Person	hij	(ie)	*er*
	zij	ze	*sie*
	het	(´t)	*es*
Plural			
1. Person	wij	we	*wir*
2. Person	jullie	-	*ihr*
	u	-	*Sie*
3. Person	zij	ze	*sie*

Objektformen			
	voll	verkürzt	
	betont/unbetont	unbetont	
Singular			
1. Person	mij	me	*mir/mich*
2. Person	jou	je	*dir/dich*
	u	-	*Ihnen/Sie*
3. Person	hem	(´m)	*ihm/ihn*
	haar	(´r/d´r)	*ihr/sie*
	het	(´t)	*es*
Plural			
1. Person	ons	-	*uns/uns*
2. Person	jullie	-	*euch/euch*
	u	-	*Ihnen/Sie*
3. Person	Personen: hun, hen, ze Sachen: ze	ze	*ihnen/sie*

Die **Subjektformen** verwendet man, wenn das Pronomen Subjekt des Satzes ist:

Wij rijden altijd samen naar school. *Wir fahren immer zusammen zur Schule.*

Die **Objektformen** verwendet man

- als direktes Objekt:

  Ik zie **hem.** *Ich sehe ihn.*

- als indirektes Objekt:

  Ik geef **hem** een boek. *Ich gebe ihm ein Buch.*

- nach Präpositionen:

  Ik praat met **hem.** *Ich rede mit ihm.*

Die **vollen Formen** können betont und unbetont gebraucht werden. Bei Betonung muss die volle Form verwendet werden. Die Betonung drückt einen Kontrast aus:

Niet **hij**, maar **jij** hebt de ring gestolen.	*Nicht er, sondern du hast den Ring gestohlen.*
Ik heb het boek niet aan **hem**, maar aan **haar** gegeven.	*Ich habe das Buch nicht ihm, sondern ihr gegeben.*

Die **verkürzten Formen** sind immer unbetont und werden u. a. verwendet, wenn nicht die Person, sondern ein anderer Teil des Satzes betont werden soll:

Heb je een **ring** of heb je een **laptop** gestolen?	*Hast du einen Ring oder einen Laptop gestohlen?*

Häufig werden die verkürzten Formen **je, ze, we, me** aber gleichwertig neben den vollen Formen verwendet. In der Schriftsprache wird allerdings überwiegend von den vollen Formen Gebrauch gemacht.

Die verkürzten Formen **'m, 'r/'d'r, ie** werden fast ausschließlich im mündlichen Sprachgebrauch verwendet. Die Formen **'k** und **'t** findet man auch in informeller Schriftsprache.

! Die Formen **je** und **ze** ersetzen in der Umgangssprache, aber auch immer mehr in der (nicht formellen) geschriebenen Sprache das Indefinitpronomen **men**:

Dat doe **je** niet!	*Das macht man nicht!*
Hoe ga **je** als regering met conflicten om?	*Wie geht man als Regierung mit Konflikten um?*
Ze zeggen ...	*Man sagt ...*

Die Höflichkeitsform der 2. Person Singular und Plural ist **u:**

Meneer Jansen, kunt **u** mij helpen?	*Herr Jansen, können Sie mir helfen?*
Dames en heren, ik heet **u** van harte welkom.	*Meine Damen und Herren, ich heiße Sie herzlich wilkommen.*

Die Formen **hij** und **hem** beziehen sich auf männliche Personen, (männliche) Tiere und de-Wörter, die nicht deutlich als weibliche Wörter erkannt werden:

De vrouw zag de man, zij zag **hem.**	*Die Frau sah den Mann, sie sah ihn.*
De hond blaft, **hij** blaft.	*Der Hund bellt, er bellt.*
De kast is hoog, **hij** is hoog.	*Der Schrank ist hoch, er ist hoch.*
Waar heb je **hem** gekocht?	*Wo hast du ihn gekauft?*

Die Formen **zij/ze** und **haar** bezeichnen:

- weibliche Personen:

Het meisje lacht, **zij/ze** lacht.	*Das Mädchen lacht, es (sie) lacht.*
Ik heb **haar** zien lachen.	*Ich habe es (sie) lachen sehen.*

- und (seltener) weibliche de-Wörter. In weiten Teilen des niederländischen Sprachraums ist das Gefühl, ob ein de-Wort männlich oder weiblich ist verloren gegangen. Häufig wird demnach für weibliche de-Wörter **hij/hem** verwendet. In offiziellen Schreiben sollte allerdings das richtige Geschlecht verwendet werden (siehe gegebenenfalls Wörterbuch):

De regering ziet dit niet als haar taak.	*Die Regierung betrachtet dies nicht als ihre Aufgabe.*
Zij ziet dit niet als **haar** taak.	*Sie betrachtet dies nicht als ihre Aufgabe.*

Het als Personalpronomen bezeichnet alle het-Wörter. Ausnahme sind het-Wörter, bei denen das natürliche Geschlecht bei Personen überwiegt:

Het boek ligt op tafel. **Het** ligt op tafel.	*Das Buch liegt auf dem Tisch. Es liegt auf dem Tisch.*
Het kind gaat naar school. **Het** gaat naar school.	*Das Kind geht zur Schule. Es geht zur Schule.*
Het meisje lacht. **Zij/ze** lacht.	*Das Mädchen lacht. Es (sie) lacht.*

! Häufig werden anstelle eines Personalpronomens die Demonstrativpronomen **die** und **dat** verwendet.

! Wenn **hem** eine Sache bezeichnet, kommt es nie am Anfang eines Satzes vor. In diesem Fall wird **hem** durch das Demonstrativpronomen ersetzt.

► Dazu mehr auf Seite 44.

→← In folgenden Fällen wird im Niederländischen die Objektform gebraucht, wo im Deutschen die Subjektform verwendet wird:

Als ik **jou/hem/haar/hen** usw. was …	*Wenn ich du/er/sie/sie usw. wäre …*

Im Niederländischen wird bei Personen nur in der Objektform 3. Person Plural ein Unterschied zwischen dem direkten Objekt **hen** und dem indirekten Objekt **hun** gemacht:

- direktes Objekt

Ik zag **hen.**	*Ich sah sie.*

- indirektes Objekt

  Ik geef **hun** een boek. *Ich gebe ihnen ein Buch.*

- nach einer Präposition wird **hen** verwendet:

  Ik geef aan **hen** een boek. *Ich gebe ihnen ein Buch.*

- In allen drei Fällen wird auch **ze** verwendet:

  Ik zag **ze.** *Ich sah sie.*
  Ik geef **ze** een boek, geen cd. *Ich gebe ihnen ein Buch, keine CD.*
  Ik geef een boek aan **ze,** geen cd. *Ich gebe ihnen ein Buch, keine CD.*

- Wenn es sich nicht um Personen handelt, muss immer **ze** verwendet werden:

  Ik heb de boeken op tafel gelegd. *Ich habe die Bücher auf den Tisch gelegt.*
  Ik heb **ze** op tafel gelegd. *Ich habe sie auf den Tisch gelegt.*

	Personen	Sachen
direktes Objekt	hen, ze	ze
indirektes Objekt	hun, ze	ze
nach Präpositionen	hen, ze	-

! In weiten Teilen des niederländischen Sprachraums wird in der Umgangssprache der Unterschied zwischen **hun** und **hen** immer weniger empfunden. **Hen** und **hun** werden daher häufig durcheinander gebraucht.

! Präposition + **hen** bezieht sich immer auf Personen. Bei Sachen wird immer ein sog. Pronominaladverb verwendet:

De boeken liggen **op de tafels**. *Die Bücher liegen auf den Tischen.*
De boeken liggen **erop**. *Die Bücher liegen darauf.*

► Kapitel 5 Adverb, Seite 32.

Possessivpronomen

Beim **adjektivischen Gebrauch** des Possessivpronomens tritt dieses zusammen mit einem Substantiv auf:

voll	verkürzt		
betont/unbetont	unbetont		
mijn	**(m'n)**	boek	*mein Buch*
jouw	**je**	boek	*dein Buch*
uw	–	boek	*Ihr Buch*
zijn	**(z'n)**	boek	*sein Buch*
haar	**(d'r)**	boek	*ihr Buch*
zijn	**(z'n)**	boek	*sein Buch*
ons	–	boek (het)	*unser Buch*
onze	–	tafel (de)	*unser Tisch*
jullie	**je**	boek	*euer Buch*
uw	–	boek	*Ihr Buch*
hun	–	boek	*ihr Buch*

Die Possessivpronomen sind im Gegensatz zum Deutschen vor einem Substantiv unveränderlich. Es heißt also zum Beispiel **mijn/m'n boeken** *(meine Bücher)*, **zijn/z'n vrienden** *(seine Freunde)*, **jullie/je fietsen** *(eure Fahrräder)*. Ausnahme ist **ons/onze.** Die Form **ons** wird verwendet bei allen het-Wörtern im Singular, die Form **onze** in allen anderen Fällen:

	de-Wörter	het-Wörter
Singular	**onze** fiets	**ons** boek
Plural	**onze** fietsen	**onze** boeken

Wie beim Personalpronomen gibt es auch hier volle und verkürzte Formen. Die vollen Formen können betont und unbetont gebraucht werden. Bei Betonung müssen die vollen Formen verwendet werden. Die Betonung drückt einen Kontrast aus:

Dat is **mijn** fiets, niet **jouw** fiets. *Das ist mein Fahrrad, nicht dein Fahrrad.*

Ausser **je** werden die verkürzten, unbetonten Formen in der Schriftsprache kaum verwendet.

Um in einem Satz zweimal **jullie** direkt hintereinander (Personalpronomen + Possessivpronomen) zu vermeiden, wird in diesen Fällen die unbetonte Form des Possessivpronomens bevorzugt:

Hebben **jullie je** (anstatt: jullie jullie) handen gewassen? *Habt ihr eure Hände gewaschen?*

Possessivpronomen können auch **substantivisch**, d. h. ohne beigefügtes Substantiv, gebraucht werden. An die Possessivpronomen wird dann im Singular und Plural die Endung **-e** angehängt; es geht der bestimmte Artikel **de** oder **het** voraus, im Plural **de:**

de/het + Possessivpronomen + **-e**		
	mijne	*meiner/meine/mein(e)s*
	jouwe	*deiner/deine/dein(e)s*
	uwe	*Ihrer/Ihre/Ihres*
	zijne	*seiner/seine/sein(e)s*
de/het	**hare**	*ihrer/ihre/ihres*
	onze	*unserer/unsere/unseres*
	-	*-*
	uwe	*Ihrer/Ihre/Ihres*
	hunne	*ihrer/ihre/ihres*

jouw vrouw en **de mijne** — *deine Frau und meine*
mijn huis en **het jouwe** — *mein Haus und deins*
hun boeken en **de onze** — *ihre Bücher und unsere*

Das Possessivpronomen **jullie** *(euer)* kann nicht selbstständig gebraucht werden, sondern muss mit dem Demonstrativpronomen **die/dat** in Verbindung mit **van** und der Objektform des Personalpronomens umschrieben werden. Für die anderen Formen ist diese Umschreibung mit **van** auch möglich:

die/dat + van + Objektpronomen			
		mij	*meiner/meine/mein(e)s*
		jou	*deiner/deine/dein(e)s*
		u	*Ihrer/Ihre/Ihres*
		hem	*seiner/seine/sein(e)s*
die/dat	**van**	**haar**	*ihrer/ihre/ihres*
		ons	*unserer/unsere/unseres*
		jullie	*eu(e)rer/eu(e)re/eu(e)res*
		u	*Ihrer/Ihre/Ihres*
		ze, hen	*ihrer/ihre/ihres*

Onze kleren en **die van jullie.** — *Unsere Kleider und eure.*
Mijn fiets is gestolen. Mag ik **die van jou** lenen? — *Mein Fahrrad ist gestohlen worden. Kann ich mir deins ausleihen?*

Reflexivpronomen

Singular				
	ik	haast	**me**	*ich beeile mich*
	jij	haast	**je**	*du beeilst dich*
	u	haast	**zich/u**	*Sie beeilen sich*
	hij	haast	**zich**	*er beeilt sich*
	zij	haast	**zich**	*sie beeilt sich*
	het	haast	**zich**	*es beeilt sich*
Plural				
	wij	haasten	**ons**	*wir beeilen uns*
	jullie	haasten	**je**	*ihr beeilt euch*
	zij	haasten	**zich**	*sie beeilen sich*

Ik verveel **me.**	*Ich langweile mich.*
Jij wast **je.**	*Du wäschst dich.*
Aan wie hebt u **zich** voorgesteld?	*Wem haben Sie sich vorgestellt?*
Hij interesseert **zich** niet voor voetbal.	*Er interessiert sich nicht für Fußball.*
Zij verzekert **zich** tegen diefstal.	*Sie versichert sich gegen Diebstahl.*
Het kind haast **zich** niet.	*Das Kind beeilt sich nicht.*
We ergeren **ons** aan het lawaai.	*Wir ärgern uns über den Lärm.*
Jullie vergissen **je** nooit.	*Ihr irrt euch nie.*
Dat herinnert u **zich** misschien nog.	*Daran erinnern Sie sich vielleicht noch.*
Zij verontschuldigen **zich**.	*Sie entschuldigen sich.*

Bei der Höflichkeitsform kann **zich** oder **u** verwendet werden. Wenn das Personalpronomen **u** und das Reflexivpronomen **u** aufeinander stoßen, wird die Form **zich** bevorzugt:

Ik denk dat **u zich** haasten moet.	*Ich glaube, dass Sie sich beeilen müssen.*

Bei einem Imperativ (Befehlsform) wird nur das Reflexivpronomen **u** verwendet:

Vergis **u** niet!	*Irren Sie sich nicht!*

Um eine gegenseitige Beziehung auszudrücken, wird im Niederländischen das reziproke Pronomen **elkaar** *(einander)* verwendet. Das Deutsche bevorzugt in diesem Fall die Formen des Reflexivpronomens *sich, uns* und *euch*. Das ist im Niederländischen *nicht* möglich:

Ik zie jou, jij ziet mij.	*Ich sehe dich, du siehst mich.*
Wij zien **elkaar**.	*Wir sehen uns (gegenseitig).*
Zij omhelsden **elkaar.**	*Sie umarmten sich.*
Zij zagen **elkaar** op het station	*Sie sahen sich am Bahnhof.*
Houden jullie van **elkaar**?	*Liebt ihr euch?*
Wij houden van **elkaar**	*Wir lieben uns.*

Elkaar kann auch adjektivisch gebraucht werden. Es bekommt dann ein Genitiv *-s* angehängt:

Ze schudden **elkaars** hand. — *Sie gaben sich (gegenseitig) die Hand.*

! **Elkaar** kennt zwei Nebenformen: **elkander** (gehoben) und **mekaar** (umgangssprachlich).

Demonstrativpronomen

Die wichtigsten Demonstrativpronomen sind **deze, die, dit** und **dat. Deze** und **die** stehen für de-Wörter und alle Pluralformen, **dit** und **dat** für het-Wörter im Singular. Die Formen der Demonstrativpronomen sind unveränderlich und können adjektivisch und substantivisch gebraucht werden:

Singular		Plural		
de	het	de	het	
deze stoel	**dit** huis	**deze** stoelen	**deze** huizen	*dieser, diese, dieses (der, die, das) (hier)*
die stoel	**dat** huis	**die** stoelen	**die** huizen	*der, die, das (da/dort) jener, jene, jenes*

Das Demonstrativpronomen kann den Unterschied in Entfernung und/oder einen Kontrast ausdrücken:

dit boek (hier) en **dat** boek (dort) — *dieses Buch und jenes/das Buch*
deze toren (hier) en **die** toren (dort) — *dieser Turm und jener Turm*
niet **deze** pen, maar **die** pen — *nicht dieser Füller, sondern der Füller*

Oft spielt bei **die** und **dat** die Entfernung überhaupt keine Rolle:

Heb je **dat** boek al gelezen? — *Hast du das Buch schon gelesen?*
Dat heb ik gelezen. — *Das habe ich gelesen.*
Zie je **die** kerk met **die** hoge toren? — *Siehst du die Kirche mit dem hohen Turm?*
Die zie ik. — *Die sehe ich.*
Geloof je **dat**? — *Glaubst du das?*
Dat geloof ik. — *Das glaube ich.*

Die Demonstrativpronomen **die/dat** und **deze/dit** können in betonter Stellung auch statt der entsprechenden Personalpronomen verwendet werden. In diesem Fall werden **die/dat** häufiger in der Umgangssprache und **deze/dit** in der Schriftsprache verwendet. Durch das Demonstrativpronomen **die** können Personen oder Sachen hervorgehoben werden; **dat** bezieht sich nur auf Sachen:

Is **je moeder** thuis? — *Ist deine Mutter zu Hause?*
Die is op haar werk. — *Die ist auf der Arbeit.*
Waar is **je broertje**? — *Wo ist dein kleiner Bruder?*
Die is naar school. — *Der ist in der Schule.*
Waar is **je boek**? — *Wo ist dein Buch?*
Dat ligt nog thuis. — *Das liegt noch zu Hause.*

Das Demonstrativpronomen **die** wird zudem verwendet, um das Pronomen **hem** für Sachen am Anfang des Satzes zu ersetzen:

Mag ik **de stoel** hebben?	*Darf ich den Stuhl haben?*
Je mag **hem** hebben.	*Du darfst ihn haben.*
Die mag je hebben.	*Den darfst du haben.*

Dit und **dat** können auch als vorläufiges Subjekt verwendet werden:

Dat is een mooie tuin.	*Das ist ein schöner Garten.*

Einige weitere Demonstrativpronomen:

degene(n), diegene(n), datgene — *derjenige, diejenige(n), dasjenige*

- **Degene, diegene** und **datgene** werden immer selbstständig gebraucht. **Degene** und **diegene** verweisen auf Personen und bekommen im Plural die Endung **–n. Datgene** bezieht sich auf Sachen. **Diegene** hebt die Person noch etwas mehr hervor. In der gesprochenen Sprache werden statt **degene die** und **datgene wat**, meistens **wie** und **wat** verwendet:

Degene die hier woont, heeft geluk: midden in de stad en een parkeerplaats voor de deur!	*Derjenige, der hier wohnt, hat Glück: mitten in der Stadt und einen Parkplatz vor der Tür.*
Degenen die hier wonen,...	*Diejenigen, die hier wohnen, ...*
Datgene wat we vandaag niet konden bespreken, komt bij de volgende vergadering op de agenda.	*Das, was wir heute nicht haben besprechen können, wird bei der nächsten Sitzung auf der Tagesordnung stehen.*

zo'n — *so ein, so eine*

- **Zo'n** wird immer mit einem Substantiv gebraucht und bleibt unverändert. Es wird nur im Singular in Kombination mit Substantiven verwendet, die sich auch mit **een** kombinieren lassen:

Hij heeft **zo'n** leuke kat.	*Er hat so eine tolle Katze.*
Zo'n boek vind ik interessant.	*So ein Buch finde ich interessant.*

zulk/zulke — *solch/solche/solches*

- Bei Substantiven, die nicht zählbar sind, steht **zulk/zulke,** wobei **zulk** bei het-Wörtern im Singular und **zulke** in allen anderen Fällen verwendet wird:

Zulk brood eet ik niet.	*Solches Brot esse ich nicht.*
Zulke wijn past niet bij vis.	*Solcher Wein passt nicht zu Fisch.*
Hij heeft **zulke** leuke katten.	*Er hat solche tollen Katzen.*
Zulke boeken lees ik graag.	*Solche Bücher lese ich gerne.*

Relativpronomen

Die wichtigsten Relativpronomen sind **die, dat, wie, wat**.

die

Die wird verwendet, wenn das Bezugswort

- ein de-Wort ist:

De fiets die daar stond, is gestolen.	*Das Fahrrad, das da stand, ist gestohlen worden.*

- ein Substantiv im Plural ist:

De bomen die je daar ziet, zijn erg hoog.	*Die Bäume, die man dort sieht, sind sehr hoch.*
De huizen die daar staan, zijn erg duur.	*Die Häuser, die da stehen, sind sehr teuer.*

- **iemand, niemand, iedereen, sommige, enige, verschillende, een paar** usw. lautet:

Iemand die te veel eet, wordt dik.	*Jemand, der zu viel isst, wird dick.*
Iedereen die de film gezien heeft, is enthousiast.	*Jeder, der den Film gesehen hat, ist begeistert.*

dat

Dat verwendet man, wenn das Bezugswort

- ein het-Wort im Singular ist:

Het boek **dat** ik gelezen heb, is gewoon geweldig!	*Das Buch, das ich gelesen habe, ist einfach Klasse!*

wie

Wie bezieht sich auf Personen und wird verwendet:

- ohne Bezugswort bei verallgemeinerndem Gebrauch:

Wie klaar is, mag naar huis.	*Wer fertig ist, darf nach Hause.*

- in Kombination mit einer Präposition, wenn das Bezugswort eine oder mehrere Personen sind:

De jongen **met wie** ik ruzie heb gehad, verhuist morgen.	*Der Junge, mit dem ich mich gestritten habe, zieht morgen um.*
De collega's **van wie** ik een cadeau kreeg, zijn heel aardig.	*Die Kollegen, von denen ich ein Geschenk bekam, sind sehr nett.*

wat

Wat bezieht sich auf Gegenstände und Sachverhalte und wird verwendet:

- ohne Bezugswort bei verallgemeinerndem Gebrauch:

Wat ik gedaan heb, was niet goed.	*Was ich getan habe, war nicht gut.*

- nach einem Superlativ oder superlativähnlichen Begriff:

Dat is het ergste **wat** me kan overkomen.	*Das ist das Schlimmste, was mir passieren kann.*
Dat is alles **wat** ik heb.	*Das ist alles, was ich habe.*

- nach einem Bezugswort wie **iets, niets, veel, weinig,** usw:

Ik heb iets gevonden, **wat** ik wil kopen.	*Ich habe etwas gefunden, was ich kaufen will.*

- wenn es sich auf den ganzen Satz bezieht:

Hij gaat dit jaar niet met vakantie, **wat** ik niet begrijp.	*Er macht dieses Jahr keinen Urlaub, was ich nicht verstehe.*

Besonderheiten bei der Bildung von Relativsätzen

waar + Präposition

Wenn es sich um Sachen handelt, werden die Relativpronomen **die** und **dat** in Kombination mit einer Präposition mittels **waar** + Präposition umschrieben:

Dat was de dag **waarop** mijn vader huilde.	*Das war der Tag, an dem mein Vater weinte.*
De film **waarnaar** ik keek, was spannend. De film **waar** ik **naar** keek, was spannend.	*Der Film, den ich mir ansah, war spannend.*
Het huis **waarin** ik woon, is gezellig. Het huis **waar** ik **in** woon, is gezellig.	*Das Haus, in dem ich wohne, ist gemütlich.*
De toren **waarnaast** wij staan, is gotisch. De toren **waar** wij **naast** staan is gotisch.	*Der Turm, neben dem wir stehen, ist gotisch.*
De problemen **waarmee** hij ons lastigvalt, zijn groot. De problemen **waar** hij ons **mee** lastigvalt zijn groot.	*Die Probleme, mit denen er uns belästigt, sind groß.*

Wie aus den Beispielen ersichtlich, können **waar** und die nachfolgende Präposition getrennt werden; dies vor allem in längeren Sätzen.

Präposition + **wie**

Die Kombination Präposition + **wie** wird bei Personen verwendet:

De buurvrouw **over wie** ik vertelde, is zwanger.	*Die Nachbarin, über die ich sprach, ist schwanger.*
De jongen **met wie** ik speel, is mijn broer.	*Der Junge, mit dem ich spiele, ist mein Bruder.*

Im informellen Sprachgebrauch wird bei Personen aber auch häufig **waar** + Präposition verwendet:

De jongen **waarmee** ik speel, is mijn broer.	*Der Junge, mit dem ich spiele, ist mein Bruder.*
De buurvrouw **waarover** ik vertelde, is zwanger.	*Die Nachbarin, über die ich sprach, ist schwanger.*

welk/welke

Auch **welk/welke** können als Relativpronomen verwendet werden. Dies geschieht aber nur in der sehr gehobenen Schriftsprache. In der normalen sachlichen Schriftsprache sollte man Konstruktionen mit **welk/welke** lieber vermeiden, da sie eher steif und übertrieben wirken:

U dient de brief, **welke** ik u heb doen toekomen, binnen een week te beantwoorden.	*Sie haben den Brief, den ich Ihnen habe zukommen lassen, innerhalb einer Woche zu beantworten.*

hetgeen

Hetgeen kann in der gehobenen Sprache anstelle von **wat** oder **dat(gene) wat** verwendet werden:

De vergadering duurde slechts een uur, **hetgeen** te kort was om alles te bespreken.	*Die Sitzung dauerte nur eine Stunde, was zu kurz war, um alles zu besprechen.*
Hetgeen we vandaag niet konden bespreken, komt bij de volgende vergadering op de agenda.	*Das(jenige), was wir heute nicht haben besprechen können, wird bei der nächsten Sitzung auf der Tagesordnung stehen.*

Partitives er

Das partitive **er** kann anstelle eines Substantives stehen, wenn dies mit einer Mengenangabe verbunden ist, wie zum Beispiel **veel, een paar, vijf, geen** usw. Es deutet dann auf ein aus dem Zusammenhang hervorgehendes Substantiv hin:

Hoeveel **katten** heb je? Ik heb **er** twee.	*Wie viele Katzen hast du?* *Ich habe zwei.*

Hebben jullie twee **kinderen**? Nee, we hebben **er** drie.	*Habt ihr zwei Kinder?* *Nein, wir haben drei.*
Hoeveel **boeken** koopt hij? Hij koopt **er** meer dan ik.	*Wie viele Bücher kauft er?* *Er kauft mehr (Bücher) als ich.*

▶ In einem Satz können mehrere **er** zusammen vorkommen. Dazu mehr im Kapitel Adverb, Seite 36.

Indefinitpronomen

Indefinitpronomen bezeichnen eine Person oder Sache ohne nähere Besonderheiten anzugeben.

Einige Indefinitpronomen verändern ihre Form nie:

geen	Ik heb geen melk meer.	*Ich habe keine Milch mehr.*
genoeg	Ik heb genoeg gezien. Hij heeft genoeg boeken.	*Ich habe genug gesehen. Er hat genug Bücher.*
het	Het regent.	*Es regnet.*
iedereen	Iedereen mag meedoen.	*Jeder darf mitmachen.*
iemand	Iemand moet me even helpen.	*Irgendjemand muss mir helfen.*
iets	Heb je iets leuks voor mij?	*Hast du etwas Schönes für mich?*
men	Men kan daar schoenen kopen.	*Man kann dort Schuhe kaufen.*
niemand	Niemand kan me helpen.	*Keiner/Niemand kann mir helfen.*
niets	Nee, ik heb niets leuks.	*Nein, ich habe nichts Schönes.*
wat	Heb je wat geld voor mij?	*Hast du etwas Geld für mich?*
(een stuk of) wat/ een paar	Hij heeft een stuk of wat/ een paar boeken	*Er hat ein paar Bücher gekauft.*

Die Indefinitpronomen **veel** und **weinig** bekommen ein **-e** angehängt, wenn sie hinter dem bestimmten Artikel **de** oder **het** oder einem Possessiv- oder Demonstrativpronomen stehen:

veel	Ik heb veel boeken. Ik heb de vele boeken van mijn opa moeten opruimen.	*Ich habe viele Bücher.* *Ich musste die vielen Bücher von meinem Opa aufräumen.*

weinig	Ik heb weinig tijd. De weinige vrije tijd die ik heb.	*Ich habe wenig Zeit.* *Die wenige freie Zeit, die ich habe.*

Einige Indefinitpronomen erhalten immer einen e-Ausgang, wenn sie vor einem Substantiv im Plural stehen. Dazu zählen:

alle	Alle mensen zijn weg.	*Alle Menschen sind weg.*
sommige	Sommige mensen vergeten sommige dingen altijd.	*Manche Menschen vergessen manche Dinge immer.*
verscheidene	Ik heb hem verscheidene malen gesproken.	*Ich habe ihn mehrere Male gesprochen.*
verschillende	Verschillende leerlingen verlieten het lokaal.	*Mehrere Schüler verließen die Klasse.*

Einige Indefinitpronomen folgen den Regeln für die Endungen der Adjektive. Sie erhalten bei het-Wörtern im Singular keine Endung und bei de-Wörtern sowie im Plural immer die Endung **-e**:

elk	Elke morgen moet ik vroeg opstaan. Elk huis dat ik zie, vind ik mooi.	*Jeden Morgen muss ich früh aufstehen.* *Jedes Haus, das ich sehe, finde ich schön.*
enig	Heb je enig idee wat we kunnen doen? Ik heb nog enige opmerkingen.	*Hast du irgendeine Idee, was wir tun können?* *Ich habe noch ein paar Bemerkungen.*
enkel	in enkele gevallen een enkel keertje	*in einigen Fällen* *ab und zu*
ieder	Iedere les is anders. Iedere keer als ik aan jou denk, moet ik huilen.	*Jede Unterrichtsstunde ist anders.* *Jedes Mal wenn ich an dich denke, muss ich weinen.*

Alle, sommige, enige, enkele, verschillende, veel und **weinig** können auch selbstständig gebraucht werden. Wenn sie sich auf Sachen beziehen, ist die Endung **-e**; beziehen sie sich auf Personen, erhalten sie**-en:**

Ik heb nieuwe boeken gekocht. **Sommige/Enkele** zijn beschadigd.	*Ich habe neue Bücher gekauft. Manche/Einige sind beschädigt.*
We zijn met een groot aantal mensen naar Spanje geweest. **Sommigen/Enkelen** zijn nooit meegegaan naar het strand.	*Wir sind mit vielen Leuten in Spanien gewesen. Manche/Einige sind nie mit zum Strand gekommen.*
Allen waren uitgenodigd, **velen** zijn gekomen.	*Alle waren eingeladen, viele sind gekommen.*

Fragewörter

Es gibt zwei Arten von Fragewörtern: Interrogativpronomen und Interrogativadverbien.

Interrogativpronomen

Zu den Interrogativpronomen zählen:

wie

Mit **wie** (*wer*) fragt man nach einer oder mehreren Personen. Es wird selbstständig gebraucht und ist unveränderlich. **Wie** kann als Subjekt neben einer Singular- auch eine Pluralverbform nach sich ziehen – im Gegensatz zum Deutschen, wo der Plural nur beim Verb *sein* gebildet wird, wenn das Subjekt im Plural steht:

Wie **komen** er vanavond?	*Wer kommt heute Abend (alles)?*
Wie **heeft/hebben** dat gezegd?	*Wer hat das gesagt?*
Wie **zijn** die meisjes?	*Wer sind die Mädchen?*

Statt einer Genitiv- oder Dativform wie im Deutschen, wird im Niederländischen die Kombination Präposition + **wie** verwendet:

Van wie is die tas?	*Wem gehört die Tasche?*
Aan wie heb je dat geld gegeven?	*Wem hast du das Geld gegeben?*
Met wie heb je gespeeld?	*Mit wem hast du gespielt?*

wat

Mit **wat** fragt man nach einer oder mehreren Sachen. Es wird selbstständig gebraucht und ist unveränderlich. **Wat** wird wie das Deutsche *was* verwendet:

Wat is dat? Dat is een appel.	*Was ist das? Das ist ein Apfel.*
Wat zijn dat? Dat zijn appels.	*Was sind das? Das sind Äpfel.*
Wat doen zij?	*Was machen sie?*

In Kombination mit einer Präposition wird **wat** in der Regel zu **waar** + Präposition:

Waarover praten jullie?	*Worüber redet ihr?*

! Die Präposition **met** verwandelt sich dabei in **mee**:

Waarmee speel je?	*Womit spielst du?*

Waar kann von der Präposition getrennt werden:

Waar praten jullie **over? Waar** speel je **mee?**

welk/welke

Mit **welk(e)** *(welche/r/s)* fragt man nach Personen oder Sachen. Es kann als Adjektiv aber auch selbstständig im Singular und im Plural verwendet werden:

	de-Wörter	het-Wörter
Singular	**welke** hond	**welk** huis
Plural	**welke** honden	**welke** huizen

Welke tas is van jou? *Welche Tasche gehört dir?*
Welke jongen vind je leuk? *Welchen Jungen findest du nett?*
Welke boeken heb je gekocht? *Welche Bücher hast du gekauft?*
Zie je die hond daar? **Welke?** *Siehst du den Hund dort? Welchen?*
Welk plan is beter? *Welcher Plan ist besser?*

wat voor

Mit **wat voor** (*was für*) und **wat voor een** (*was für ein*) fragt man nach Eigenschaften und Merkmalen. Es kann adjektivisch und substantivisch verwendet werden:

Wat voor een jas heb je gekocht? *Was für eine Jacke hast du gekauft?*
Ik moet nog een jas kopen. *Ich muss noch eine Jacke kaufen.*
Ik weet nog niet **wat voor een**. *Ich weiß noch nicht was für eine.*

Interrogativadverbien

hoe	Hoe laat is het?	*Wie spät ist es?*
hoelang	Hoelang ben je nog gebleven?	*Wie lange bist du noch geblieben?*
hoeveel	Hoeveel geld heb je nog?	*Wie viel Geld hast du noch?*
waar	Waar ben je?	*Wo bist du?*
waarheen/ waarnaartoe	Waar ga je heen/naartoe?	*Wo gehst du hin?*
waarom	Waarom ga je niet mee?	*Warum kommst du nicht mit?*
waarvandaan	Waar kom je vandaan?	*Wo kommst du her?*
wanneer	Wanneer kom je?	*Wann kommst du?*

! Eine Antwort auf die Frage **waarom?** kann nie mit **want** *(denn)* anfangen, hier wird in der Regel **omdat** *(weil)* verwendet:

Waarom ben je zo laat? *Warum bist du so spät?*
Omdat ik nog naar mijn oma moest. *Weil ich noch zu meiner Oma musste.*

► Kapitel 8 Konjunktionen, Seite 77.

7 Actie! – Verb: Modi und Zeiten

Es gibt regelmäßige und unregelmäßige Verben. Die regelmäßigen Verben kennen ein Regelsystem, die unregelmäßigen muss man einzeln lernen.

Präsens

Regelmäßige Verben

Beim Verb unterscheidet man im Niederländischen wie im Deutschen im Infinitiv zwischen einem Stamm und der Endung **–en.** Für die Bildung des Präsens dient als Ausgangspunkt der Stamm. Der Stamm ist eine abstrakte Konstruktion bestehend aus Infinitiv minus der Endung **-en**; in der Regel bleibt der Lautwert erhalten. Auf den Stamm müssen die Rechtschreibregeln übertragen werden. Dies ergibt die Ik-Form *(Ich-Form)*, die der 1. Person Singular Präsens entspricht:

Infinitiv	werken	*arbeiten*	wonen	*wohnen*
Stamm	[WERK]		[WOoN]	
Ik-Form	werk		woon	

Für die Bildung der 2. und 3. Person Singular (**jij, hij** usw.) wird der Ik-Form die Endung **–t** angehängt. Der Plural kennt sowohl bei regelmäßigen als auch bei unregelmäßigen Verben nur eine Form: den Infinitiv.
Die Verbformen bei der Höflichkeitsform **u** sind im Singular und Plural identisch.

Präsens			
Singular			
ik	werk	*ich arbeite*	Ik-Form
jij	werk**t**	*du arbeitest*	Ik-Form + t
	werk jij ?	*arbeitest du?*	Ik-Form
u	werk**t**	*Sie arbeiten*	Ik-Form + t
hij/zij/het	werk**t**	*er/sie/es arbeitet*	Ik-Form + t
Plural			
wij	werken	*wir arbeiten*	Infinitiv
jullie	werken	*ihr arbeitet*	Infinitiv
zij	werken	*sie arbeiten*	Infinitiv

Infinitiv					
	wonen	antwoorden	heten	leven	reizen
	wohnen	*antworten*	*heißen*	*leben*	*reisen*
Stamm	[WOoN]	[ANTWOORD]	[HEeT]	[LEeV]	[REIZ]
Präsens					
Singular					
ik	woon	antwoord	heet	leef	reis
jij	woont	antwoordt	heet	leeft	reist
	woon jij?	antwoord jij?	heet jij?	leef jij?	reis jij?
u	woont	antwoordt	heet	leeft	reist
hij/zij/het	woont	antwoordt	heet	leeft	reist
Plural					
wij/jullie/zij	wonen	antwoorden	heten	leven	reizen

Ein Wort endet nie auf einem Doppelkonsonanten. Es wird also kein t zugefügt, wenn der Stamm bereits auf **–t** endet: **ik heet, hij heet.**

Bei der 2. Person Singular **jij/je** entfällt bei Inversion (=Subjekt nach dem Verb) die t-Endung. Dies gilt nicht bei **u**:

jij **rookt**	*du rauchst*
Rook je graag?	*Rauchst du gerne?*
Rookt u graag?	*Rauchen Sie gerne?*

!

Rookt je broer nog steeds?	(je = jouw; je broer = hij)	*Raucht dein Bruder immer noch?*
Vindt je buurvrouw koekjes lekker?	(je = jouw; je buurvrouw = zij)	*Mag deine Nachbarin Kekse?*

Unregelmäßige Verben

Die meisten unregelmäßigen Verben sind im Präsens regelmäßig. Ausnahmen sind **hebben, zijn, gaan, slaan, staan, doen, zien, komen** sowie die Modalverben **kunnen, mogen, willen** und **zullen**:

Infinitiv				
	zijn	*sein*	hebben	*haben*
Präsens				
Singular				
ik	ben	*ich bin*	heb	*ich habe*
jij	bent	*du bist*	hebt	*du hast*
	ben jij?	*bist du?*	heb jij?	*hast du?*
u	bent	*Sie sind*	hebt/heeft	*Sie haben*
hij/zij/het	is	*er/sie/es ist*	heeft	*er/sie/es hat*
Plural				
wij	zijn	*wir sind*	hebben	*wir haben*
jullie	zijn	*ihr seid*	hebben	*ihr habt*
zij	zijn	*sie sind*	hebben	*sie haben*

! **Hebben** kennt für die Höflichkeitsform **u** neben **hebt** auch **heeft.**

Infinitiv				
	staan *stehen*	doen *machen*	zien *sehen*	komen *kommen*
Präsens				
Singular				
ik	sta	doe	zie	kom
jij	staat	doet	ziet	komt
	sta jij?	doe jij?	zie jij?	kom jij?
u	staat	doet	ziet	komt
hij /zij/het	staat	doet	ziet	komt
Plural				
wij/jullie/zij	staan	doen	zien	komen

Die Verben **gaan** *(gehen)* und **slaan** *(schlagen)* bilden das Präsens wie **staan!**

► Für die Formen der Modalverben, Seite 70.

Imperfekt

Regelmäßige Verben

Auch bei der Bildung des Imperfekts der regelmäßigen Verben ist der Ausgangspunkt wieder der Stamm bzw. die Ik-Form.

Wenn am Ende des Stammes einer der stimmlosen Konsonanten **-t, -k, -f, -s, -ch, -p** (Eselsbrücke: **'t kofschip** oder **Paketschiff**) steht, wird der Ik-Form -**te** für alle Singularformen und **-ten** für alle Pluralformen angehängt. In allen anderen Fällen hängt man **–de/-den** an.

Singular	Ik-Form	+	-te/-de
Plural	Ik-Form	+	-ten/-den

Infinitiv				
	wer**ken**	*arbeiten*	wo**nen**	*wohnen*
Imperfekt				
Singular				
ik	werk**te**	*ich arbeitete*	woon**de**	*ich wohnte*
jij	werk**te**	*du arbeitetest*	woon**de**	*du wohntest*
u	werk**te**	*Sie arbeiteten*	woon**de**	*Sie wohnten*
hij/zij/het	werk**te**	*er/sie/es arbeitete*	woon**de**	*er/sie/es wohnte*
Plural				
wij	werk**ten**	*wir arbeiteten*	woon**den**	*wir wohnten*
jullie	werk**ten**	*ihr arbeitetet*	woon**den**	*ihr wohntet*
zij	werk**ten**	*sie arbeiteten*	woon**den**	*sie wohnten*

Weitere Beispiele:

Stamm endet auf:	Infinitiv	Ik-Form	Imperfekt	
-t	zetten	zet	zet**te(n)**	*stellen*
-k	slikken	slik	slik**te(n)**	*schlucken*
-f	boffen	bof	bof**te(n)**	*Glück haben*
-s	missen	mis	mis**te(n)**	*verpassen*
-ch	juichen	juich	juich**te(n)**	*jubeln*
-p	slopen	sloop	sloop**te(n)**	*abreißen*

Auch wenn ein Stamm auf einem **-d** oder **–t** endet, wird die Imperfektendung unverändert angehängt:

heten	ik heet	ik heet**te**	*ich hieß*
antwoorden	wij antwoorden	wij antwoord**den**	*wir antworteten*

Verben, deren Stamm auf einem **–v** oder **–z** endet und die aufgrund der Rechtschreibregeln einem v/f- bzw. z/s-Wechsel unterliegen, erhalten im Imperfekt laut der Paketschiff-Regel die Endung **-de/-den**:

leven	[LEeV]	ik leef	ik leef**de**
verhuizen	[VERHUIZ]	jullie verhuizen	jullie verhuis**den**

Unregelmäßige Verben

Unregelmäßige Verben haben im Imperfekt meistens einen Vokalwechsel. Der Singular und der Plural kennen jeweils nur eine Form:

Infinitiv				
	zijn	*sein*	hebben	*haben*
Imperfekt				
Singular				
ik jij u hij/zij/het	was	*ich war* *du warst* *Sie waren* *er/sie/es war*	had	*ich hatte* *du hattest* *Sie hatten* *er/sie/es hatte*
Plural				
wij	waren	*wir waren*	hadden	*wir hatten*
jullie	waren	*ihr wart*	hadden	*ihr hattet*
zij	waren	*sie waren*	hadden	*sie hatten*
Infinitiv				
	schrijven	*schreiben*	lezen	*lesen*
Imperfekt				
Singular				
ik jij u hij/zij/het	schreef	*ich schrieb* *du schriebst* *Sie schrieben* *er/sie/es schrieb*	las	*ich las* *du lasest* *Sie lasen* *er/sie/es las*
Plural				
wij jullie zij	schreven	*wir schrieben* *ihr schriebt* *sie schrieben*	lazen	*wir lasen* *ihr last* *sie lasen*

▶ Eine Liste der wichtigsten unregelmäßigen Verben ist auf Seite 94 ff. zu finden.

Zusammengesetzte und abgeleitete Verben bilden die Vergangenheitsform entsprechend ihrem Grundwort:

lezen	ik las	voor**lezen**	ik **las voor**
varen	ik voer	er**varen**	ik **ervoer**

Perfekt

Das Perfekt wird mit den Präsensformen von **hebben** oder **zijn** + Partizip Perfekt gebildet.

Perfekt				
Singular				
ik jij u hij/zij/het	heb hebt hebt heeft	gewerkt	*ich habe* *du hast* *Sie haben* *er/sie/es hat*	*gearbeitet*
Plural				
wij jullie zij	hebben	gewerkt	*wir haben* *ihr habt* *sie haben*	*gearbeitet*

Bildung des Partizip Perfekts der regelmäßigen Verben

Auch bei der Bildung des Partizip Perfekts der regelmäßigen Verben ist der Ausgangspunkt wieder der Stamm (Infinitivform ohne **–en**).

Wenn am Ende des Stammes einer der stimmlosen Konsonanten **-t, -k, –f, –s, -ch, -p** (Eselsbrücke: **Paketschiff**, **'t kofschip**) steht, wird vor die Ik-Form **ge-** geschrieben und hinten **-t** angehängt.

ge- + Ik-Form + **-t**

Stamm endet auf	Infinitiv	Ik-Form	Perfekt	
-t	zetten	zet	ik heb geze**t**	*stellen*
-k	slikken	slik	ik heb gesli**kt**	*schlucken*
-f	boffen	bof	ik heb gebo**ft**	*Glück haben*
-s	missen	mis	ik heb gemi**st**	*verpassen*
-ch	juichen	juich	ik heb gejui**cht**	*jubeln*
-p	slopen	sloop	ik heb geslo**opt**	*abreißen*

In allen anderen Fällen endet das Partizip auf **-d.**

ge- + Ik-Form + **-d**

wonen **hal**en	Heb jij in Utrecht **ge**woon**d**? Wanneer heb je dat examen **ge**haal**d**?	*Hast du in Utrecht gewohnt?* *Wann hast du dein Examen gemacht?*

Endet eine Ik-Form auf **-d** oder **–t,** wird kein **d/t** hinzugefügt: Nie zwei gleiche Konsonanten am Ende eines Wortes!

ik zet	ik heb gezet	ik antwoord	ik heb geantwoord

Verben, deren Stamm auf **–v** oder **–z** endet, erhalten beim Partizip Perfekt laut der Regel ein **–d**:

leven	[LEeV]	ik leef	ik heb geleef**d**
verhuizen	[VERHUIZ]	jullie verhuizen	jullie zijn verhuis**d**

Das Partizip bekommt kein **ge-**, wenn der Infinitiv mit einer der folgenden unbetonten Vorsilben beginnt:

Vorsilbe	Infinitiv	Perfekt	
be-	bekennen	ik heb **bekend**	*gestehen*
er-	erkennen	ik heb **erkend**	*einsehen, zugeben*
ge-	gebeuren	het is **gebeurd**	*passieren*
her-	herhalen	ik heb **herhaald**	*wiederholen*
ont-	ontmoeten	ik heb **ontmoet**	*begegnen*
ver-	vertellen	ik heb **verteld**	*erzählen*

Diese Regel gilt auch für die unregelmäßigen Verben, die mit einer dieser Vorsilben anfangen:

ontbijten	*frühstücken*	ik heb **ontbeten**	*ich habe gefrühstückt*

Die Vorsilbe ist entscheidend! Die Endung eines Verbs spielt im Gegensatz zum Deutschen keine Rolle:

telefoneren	ik heb **ge**telefoneerd	*ich habe telefoniert*
studeren	ik heb **ge**studeerd	*ich habe studiert*

Bildung des Partizip Perfekts der unregelmäßigen Verben

Unregelmäßige Verben haben im Partizip Perfekt oft einen Vokalwechsel:

Infinitiv	zijn	hebben	schrijven	lezen
Partizip	**geweest**	**gehad**	**geschreven**	**gelezen**

▶ Liste der wichtigsten unregelmäßigen Verben Seite 94 ff.

Zusammengesetzte und abgeleitete Verben bilden die Vergangenheitsform entsprechend ihrem Grundwort:

lezen	**gelezen**	voorlezen	**voorgelezen**
varen	**gevaren**	ervaren	**ervaren**

Plusquamperfekt

Das Plusquamperfekt wird mit den Imperfektformen von **hebben** oder **zijn** + Partizip Perfekt gebildet:

Plusquamperfekt				
Singular				
ik jij u hij/zij/het	had	gewerkt	*ich habe* *du hattest* *Sie hatten* *er/sie/es hatte*	*gearbeitet*
Plural				
wij jullie zij	hadden	gewerkt	*wir hatten* *ihr hattet* *sie hatten*	*gearbeitet*

Ich **had** net de televisie **aangezet**, toen mijn vader opbelde. — *Ich hatte gerade den Fernseher eingeschaltet, als mein Vater anrief.*

Toen hij de boodschapen **had gedaan**, ging hij computeren. — *Als er die Einkäufe erledigt hatte, setzte er sich an den Computer.*

▶ Für den Gebrauch des Plusquamperfekts bei irrealen Sätzen Seite 64.

Hebben oder zijn?

Die meisten Verben bilden das Perfekt und Plusquamperfekt mit **hebben:**

Ik **heb** een boek **gelezen.** — *Ich habe ein Buch gelesen.*
Ik **heb** koffie **gezet.** — *Ich habe Kaffee gekocht.*

Eine bestimmte Anzahl von Verben wird immer mit **zijn** konjugiert. Hierzu gehören:

- einige unregelmäßige Verben wie zum Beispiel **blijven** und **zijn:**

  Ik **ben** thuis **gebleven.** — *Ich bin zu Hause geblieben.*
  Ik **ben** ziek **geweest.** — *Ich bin krank gewesen.*

- Verben, die kein Objekt nach sich ziehen und die eine Veränderung des Zustands angeben:

worden	*werden*	Ik **ben** ziek **geworden.**	*Ich bin krank geworden.*
komen	*kommen*	Ik **ben** gisteren laat thuis **gekomen.**	*Ich bin gestern spät nach Hause gekommen.*

- im Gegensatz zum Deutschen auch folgende Verben:

  afnemen — *abnehmen*
  beginnen — *beginnen*
  bevallen — *gefallen*
  eindigen — *enden*

ophouden	*aufhören*
promoveren	*promovieren*
stoppen	*aufhören, anhalten*
toenemen	*zunehmen*
trouwen	*heiraten*

De voorstelling **is** te laat **begonnen.**	*Die Vorstellung hat zu spät angefangen.*
Ben je echt **gestopt** met roken?	*Hast du wirklich aufgehört zu rauchen?*

Verben, die eine Bewegung ausdrücken, können sowohl mit **hebben** als auch mit **zijn** konjugiert werden. Steht die Handlung im Vordergrund, verwendet man **hebben,** soll ein Ziel oder eine Richtung ausgedrückt werden, verwendet man **zijn:**

fietsen	Richtung	We zijn naar de stad gefietst.	*Wir sind mit dem Rad in die Stadt gefahren.*
	Handlung	We hebben een uur gefietst.	*Wir sind eine Stunde Fahrrad gefahren.*
vliegen	Richtung	Ik ben naar Madrid gevlogen.	*Ich bin nach Madrid geflogen.*
	Handlung	Heb je wel eens gevlogen?	*Bist du schon mal geflogen?*

Futur

Es gibt drei Möglichkeiten das Futur auszudrücken:

- mit dem Präsens in Verbindung mit zukunftsandeutenden Begriffen:

Ik **ruim straks op.**	*Ich räume gleich auf.*
Ik werk morgen niet.	*Ich arbeite morgen nicht.*

Hier geben **straks** und **morgen** an, dass die Handlung in der Zukunft vollzogen wird.

- mit den Präsensformen des Verbs **gaan** + Infinitiv:

Ik **ga even opruimen.**	*Ich werde eben aufräumen.*
Tijdens de vergadering **gaan we beslissen** wie de baan krijgt.	*Während der Sitzung werden wir entscheiden, wer die Stelle bekommt.*

- mit den Präsensformen des Hilfsverbs **zullen** + Infinitiv:

Ik **zal even opruimen.**	*Ich werde eben aufräumen.*
Prinses Máxima **zal** het nieuwe museum **openen.**	*Prinzessin Máxima wird das neue Museum eröffnen.*

▶ Zu **zullen** Kapitel Modalverben Seite 70.

Imperativ

Der Imperativ wird bei Befehlen, Mahnungen, Ratschlägen und Hinweisen gebraucht.
In der Regel wird der Imperativ durch die Ik-Form gebildet. Diese wird im informellen Sprachgebrauch sowohl im Singular als auch im Plural benutzt:

Jaap, **kom hier!**	*Jaap, komm her!*
Mieke, **ruim op!**	*Mieke, räum auf!*
Kees, **eet op!**	*Kees, iss auf!*
Laura en Hanna, **hou op!**	*Laura und Hanna, hört auf!*

In einer formellen Situation wird der Ik-Form ein **-t** angehängt und das Personalpronomen **u** hinzugefügt:

Dames en heren, **gaat u zitten!**	*Meine Damen und Herren, nehmen Sie Platz!*
Heren, **komt u binnen!**	*Meine Herren, kommen Sie herein!*
Komt u binnen, mevrouw!	*Kommen Sie doch rein!*

Die Imperativform von **zijn** is **wees/weest:**

Wees even stil!	*Sei(d) mal still!*
Wees maar niet bang!	*Hab(t) keine Angst!*
Weest u maar blij!	*Seien Sie froh!*

Imperative kommen meistens in abgeschwächter Form als freundliche Bitte oder Einladung vor. Häufig werden Modalpartikel wie zum Beispiel **maar, eens, even, toch** verwendet:

Kom maar binnen!	*Komm/Kommt doch rein!*
Kom toch binnen!	
Komt u **maar** even binnen!	*Kommen sie doch kurz rein!*
Jongens, **begin maar** vast.	*Leute, fangt schon mal an!*

Um Ungeduld oder Irritation hervorzuheben, werden die Modalpartikel **nou, nou toch, toch eens, eens even, toch eens even** verwendet:

Jaap **kom nou** hier!	*Jaap, komm doch her!*
Mieke, **ruim nou toch op!**	*Mieke, räum jetzt endlich auf!*
Kees, **eet toch eens op!**	*Kees, iss doch mal auf!*
Laura en Hanna, **hou eens even op!**	*Laura und Hanna, hört doch endich auf!*
Laura en Hanna, **hou nou toch eens even op!**	*Laura und Hanna, hört doch endlich mal auf!*

Sowohl bei Aufschriften und Anleitungen als auch in der gesprochenen Sprache wird häufig der Infinitiv verwendet:

Afblijven!	*Nicht anfassen!*
Opschieten!	*Beeilung!*
Doorlopen!	*Weitergehen!*
Wegwezen!	*Verschwinde(t)!*
Niet gebruiken na mei 2007.	*Verwendbar bis Mai 2007.*

Wie man den deutschen Konjunktiv ins Niederländische überträgt

Konjunktivformen werden heutzutage im Niederländischen kaum noch verwendet und tauchen nur noch in einigen feststehenden Ausdrücken auf, die teilweise zu der formellen (Schrift)sprache gehören:

Leve de koningin!	*Es lebe die Königin!*
God **zij** met ons!	*Gott sei mit uns!*
Gelieve hier te tekenen.	*Bitte hier unterschreiben.*

Da im Deutschen Konjunktivkonstruktionen üblich sind, stellt sich die Frage, wie man den deutschen Konjunktiv ins Niederländische überträgt.

Wo das Deutsche den Konjuntiv verwendet, kennt das Niederländische folgende Zeiten bzw. Konstruktionen:

- das Imperfekt:

als ik rijk **was**	*wenn ich reich wäre*

- **zou/zouden** + Infinitiv:

ik **zou komen**	*ich käme, ich würde kommen*
we **zouden kijken**	*wir guckten, wir würden gucken*

- **zou/zouden** + **hebben/zijn** + Partizip:

ik **zou zijn gekomen**	*ich wäre gekommen*
wij **zouden hebben gekeken**	*wir hätten geguckt*

- das Plusquamperfekt:

Als ik **had geweten** dat je jarig was, **was** ik natuurlijk **gekomen.**	*Wenn ich gewusst hätte, dass du Geburtstag hast, wäre ich natürlich gekommen.*

Gebrauch

Bedingung

Ist eine Bedingung erfüllbar, wird das Imperfekt oder **zou/zouden** + Infinitiv verwendet. Imperfekt und **zou/zouden** + Infinitiv sind in den meisten Fällen austauschbar.

Als we genoeg tijd hadden,	hadden we minder stress.
Als we genoeg tijd zouden hebben,	hadden we minder stress.
Als we genoeg tijd hadden,	zouden we minder stress hebben.
Als we genoeg tijd zouden hebben,	zouden we minder stress hebben.
Wenn wir genug Zeit hätten,	*würden wir weniger Stress haben.*

Ist die Bedingung nicht mehr erfüllbar (Irrealis), wird im Niederländischen der Plusquamperfekt oder **zou/zouden** + **hebben/zijn** + Partizip verwendet. Auch hierbei sind die beiden Umschreibungsmöglichkeiten in den meisten Fällen austauschbar:

Als we genoeg tijd hadden gehad,	hadden we minder stress gehad.
Als we genoeg tijd zouden hebben gehad,	hadden we minder stress gehad.
Als we genoeg tijd hadden gehad,	zouden we minder stress hebben gehad.
Als we genoeg tijd zouden hebben gehad,	zouden we minder stress hebben gehad.
Wenn wir genug Zeit gehabt hätten,	*hätten wir weniger Stress gehabt.*

Wunsch

Ist ein Wunsch noch erfüllbar, wird das Imperfekt verwendet und durch **maar (eindelijk)** ergänzt:

Gingen ze nu **maar eindelijk.** — *Gingen Sie jetzt doch endlich./Wenn sie jetzt endlich gehen würden.*

Zeurde hij **maar** niet altijd zo. — *Nörgelte er doch nicht immer so./Wenn er doch nicht immer so nörgeln würde.*

Ist ein Wunsch nicht (mehr) erfüllbar (Irrealis), wird das Plusquamperfekt verwendet:

Waren we (toch) maar niet zo lang op het feestje **gebleven!** — *Wären wir doch bloß nicht so lange auf der Party geblieben!*

Had ik mijn paraplu nu maar niet **vergeten!** — *Wenn ich doch meinen Regenschirm nicht vergessen hätte!*

Vergleich

Der irreale Vergleichssatz ist nicht an eine Zeit gebunden:

Hij doet (als)of hij het heel druk heeft. — *Er tut so, als wäre er sehr beschäftigt.*

Hij keek, alsof hij zoiets nog nooit had gezien. — *Er guckte, als hätte er so etwas noch nie gesehen.*

Ze zag eruit alsof ze nog nooit voor de klas had gestaan. — *Sie sah aus, als ob sie noch nie vor der Klasse gestanden hätte.*

Rat

Ratschläge, Ermahnungen, Empfehlungen usw. können mit **zou/zouden** + Infinitiv formuliert werden:

Je **zou** beter een paar dagen thuis **kunnen blijven** en uitrusten. — *Du solltest lieber ein paar Tage zu Hause bleiben und dich ausruhen.*

Vermutung

Bei Annahmen, Vermutungen, Zweifeln und Unsicherheit kann **zou/zouden** + Infinitiv oder **zou/zouden** + Perfekt stehen:

Het **zou kunnen** dat er zo laat geen trein meer rijdt.	*Es könnte sein, dass so spät kein Zug mehr fährt.*
Is de winkel al dicht?	*Hat der Laden schon zu?*
Zou best **kunnen**.	*Könnte schon sein.*

Höflichkeit

Als Ausdruck der Höflichkeit können **zou/zouden** + Infinitiv oder die Modalverben **willen, kunnen** oder **mogen** verwendet werden:

Ik **wil** graag nog een kopje thee.	*Ich hätte gern noch eine Tasse Tee.*
Ik **zou** graag nog een kopje thee **willen** hebben.	
Mag ik nog een kopje thee?	
Zou u deze papieren voor mij willen kopiëren?	*Wären Sie so freundlich diese Unterlagen für mich zu kopieren?*
Klaas, of je even personeelszaken **wilt** opbellen.	*Klaas, du möchtest bitte in der Personalabteilung anrufen.*

Oft wird in diesen Fällen auch die Höflichkeitspartikel **misschien** verwendet:

Kunt u **misschien** een momentje wachten?	*Könnten/würden Sie bitte einen Augenblick warten?*

Indirekte Rede

Die indirekte Rede wird im Niederländischen mit den Formen des Indikativs gebildet und mit **dat** *(dass)* oder **of** *(ob)* eingeleitet. Im Gegensatz zum Deutschen darf die Konjunktion **dat** nie fehlen.

Die Zeitform des Nebensatzes wird in der Regel der des Hauptsatzes angeglichen (Gleichzeitigkeit):

Ze **zegt** dat de wijn goed **is.**	*Sie sagt, dass der Wein gut sei.* *Sie sagt, der Wein sei gut.*
Ze **zei** dat de wijn goed **was.**	*Sie sagte, dass der Wein gut sei.* *Sie sagte, der Wein sei gut.*
Hij beweert **dat** hij ziek is.	*Er behauptet, dass er krank sei.* *Er behauptet, er sei krank.*

Beschreibt der Nebensatz aber, dass etwas in der Vergangenheit geschehen ist, und steht der Hauptsatz im Präsens, muss die Vergangenheit im Nebensatz ausgedrückt werden (Vorzeitigkeit):

Ze **zegt** dat de wijn op het feestje goed **was.**	*Sie sagt, dass der Wein auf der Feier gut war.*

Passiv

Die Passivformen werden mit den Formen der Verben **worden/zijn** + Partizip gebildet.

Mit dem Hilfsverb **worden** werden das Präsens und der Imperfekt des Passivs gebildet:

Präsens				
Singular				
ik	word	geïnformeerd	*ich werde*	*informiert*
jij	wordt		*du wirst*	
	word jij?		*wirst du*	
u	wordt		*Sie werden*	
hij/zij/het	wordt		*er/sie/es wird*	
Plural				
wij	worden	geïnformeerd	*wir werden*	*informiert*
jullie	worden		*ihr werdet*	
zij	worden		*sie werden*	

Imperfekt				
Singular				
ik	werd	geïnformeerd	*ich wurde*	*informiert*
jij	werd		*du wurdest*	
	werd jij?		*wurdest du*	
u	werd		*Sie wurden*	
hij/zij/het	werd		*er/sie/es wurde*	
Plural				
wij	werden	geïnformeerd	*wir wurden*	*informiert*
jullie	werden		*ihr wurdet*	
zij	werden		*sie wurden*	

Mit den Präsensformen von **zijn** + Partizip wird das Perfekt und mit den Imperfektformen von **zijn** + Partizip wird das Plusquamperfekt des Passivs gebildet:

Perfekt	
ik ben geïnformeerd	*ich bin informiert worden*
jij bent geïnformeerd	*du bist informiert worden*
...	...

Plusquamperfekt	
ik was geïnformeerd	*ich war informiert worden*
jij was geïnformeerd	*du warst informiert worden*
...	...

Für die deutsche passive Hilfsverbform *worden* gibt es im Niederländischen kein Äquivalent.

In Passivsätzen steht die Handlung im Vordergrund, die handelnde Person wird daher nicht genannt. Will man jedoch den Handelnden hervorheben, so geschieht dies mit **door** *(von):*

Mijn buurman wordt geopereerd **door** een bekende chirurg.	*Mein Nachbar wird von einem bekannten Chirurgen operiert.*
Dit arbeidscontract is nog niet **door** de directeur ondertekend.	*Dieser Arbeitsvertrag ist noch nicht vom Direktor unterschrieben worden.*

Reflexive Verben

Reflexive Verben stehen immer mit einer Form des Reflexivpronomens. Durch diese Verbindung wird die Tätigkeit auf den Handelnden zurückgelenkt:

Ik herinner me dat niet.	*Ich erinnere mich nicht daran.*
Schamen jullie je niet?	*Schämt ihr euch nicht?*
We hebben ons erg **gehaast.**	*Wir haben uns sehr beeilt.*

▶ Zu den Reflexivpronomen Kapitel Reflexivpronomen Seite 44.

Es gibt Verben, die im Niederländischen reflexiv verwendet werden und im Deutschen nicht (immer), wie zum Beispiel:

zich abonneren op	Ik heb me op het tijdschrift Knack geabonneerd.	*Ich habe die Zeitschrift Knack abonniert.*
zich verslapen	Hij heeft zich verslapen.	*Er hat (sich) verschlafen.*

Darüber hinaus gibt es einige Verben, die im Niederländischen nicht reflexiv und im Deutschen reflexiv sind, wie zum Beispiel:

veranderen	Er is hier de laatste tijd niet veel veranderd.	*Es hat sich hier in letzter Zeit nicht viel geändert.*
bekijken	Ik heb de kunstwerken bekeken.	*Ich habe mir die Kunstwerke angesehen.*
uitrusten	In het weekend ga ik eens lekker uitrusten.	*Am Wochenende werde ich mich mal schön ausruhen.*
bewegen	De Nederlanders bewegen te weinig.	*Die Niederländer bewegen sich zu wenig.*

lonen, de moeite waard zijn	Dat loont (de moeite) niet.	*Das lohnt sich nicht.*
gaan zitten	Gaat u maar zitten!	*Setzen Sie sich doch!*
verliefd worden	Op wie ben je verliefd geworden?	*In wen hast du dich verliebt?*
weigeren	De secretaresse weigerde alle mailtjes voor de directeur uit te printen.	*Die Sekretärin weigerte sich, alle E-Mails für den Direktor auszudrucken.*

Trennbare und untrennbare Verben

Wie im Deutschen gibt es auch im Niederländischen viele Verben, die mit einem Präfix (Vorsilbe) verbunden werden können. Man unterscheidet zwischen trennbaren und untrennbaren Verben.

Untrennbare Verben

Zusammengesetzte Verben sind untrennbar, wenn das Präfix unbetont ist, wie zum Beispiel bei Verben, die mit unbetontem **be-**, **er-**, **ge-**, **her-**, **ont-** oder **ver-** beginnen. Das Partizip wird nicht mit **ge-** gebildet:

ontbijten	*frühstücken*	ik ontbijt	ik heb ontbeten
herhalen	*wiederholen*	ik herhaal	ik heb herhaald
verhuizen	*umziehen*	ik verhuis	ik ben verhuisd

Trennbare Verben

Zusammengesetzte Verben sind trennbar, wenn das Präfix betont ist. Das Partizip wird mit **ge-** gebildet, wobei das Präfix hierbei wie im Deutschen vor dem Partizip steht und mit diesem verbunden ist:

opeten	*aufessen*	ik eet op	ik heb opgegeten
meebrengen	*mitbringen*	ik breng mee	ik heb meegebracht

! Um zu wissen, ob ein Verb trennbar ist, muss man die Betonungszeichen im Wörterbuch beachten!

Einige Verben können sowohl trennbar als auch untrennbar sein. Auch hier gilt die Regel: Ist das Präfix unbetont, ist das Verb untrennbar. Dagegen signalisiert ein betontes Präfix die Trennbarkeit. Dabei haben die Verben eine unterschiedliche Bedeutung:

'doorlopen	Loop eens door, anders komen we te laat.	*Lauf mal weiter, sonst kommen wir zu spät.*
door'lopen	De kandidaten doorlopen een assessmentprocedure.	*Die Kandidaten durchlaufen ein Assessmentverfahren.*

'ondergaan	Hoe laat gaat de zon vandaag onder?	*Wie spät geht die Sonne heute unter?*
onder'gaan	Morgen onderga ik een neuscorrectie.	*Morgen unterziehe ich mich einer Nasenkorrektur.*
'voorkomen	Zoiets komt in de beste families voor.	*So etwas kommt in den besten Kreisen vor.*
voor'komen	Ik wil voorkomen dat ik verkouden word.	*Ich möchte einer Erkältung vorbeugen.*

Modalverben

Modalverben bestimmen die Art, *wie* man etwas macht oder *wie* man einer Sache gegenübersteht. Sie kommen in der Regel mit dem Infinitiv eines anderen Verbs vor. Wir unterscheiden folgende Modalverben:

(niet) hoeven	**kunnen**	**moeten**	**mogen**	**willen**	**zullen**
(nicht) brauchen *müssen*	*können*	*müssen* *brauchen* *sollen*	*dürfen* *sollen* *mögen* *können*	*wollen*	*werden* *sollen* *(dürfen)* *(können)*

! Modalverben können nur in einem Kontext sinnvoll übersetzt werden! Das oben stehende Schema dient als kleine Übersicht.

Infinitiv						
	hoeven	kunnen	moeten	mogen	willen	zullen
Präsens						
ik jij/u hij/zij/het	hoef hoeft hoeft	kan kunt/kan kan	moet moet moet	mag mag mag	wil wilt wil	zal zult/zal zal
Plural						
	hoeven	kunnen	moeten	mogen	willen	zullen
Imperfekt						
Singular						
	hoefde	kon	moest	mocht	wilde/wou	zou
Plural						
	hoefden	konden	moesten	mochten	wilden/ wouden	zouden

Die Formen **wou** und **wouden** werden nur in der Umgangssprache verwendet:

Ik **wou** nog even vragen. *Ich wollte noch kurz fragen.*

Perfekt und Plusquamperfekt

Bei der Bildung des Perfekts und Plusquamperfekts wird wie im Deutschen bei Modalverben ein doppelter Infinitiv anstelle eines Partizips verwendet. Im Niederländischen muss man allerdings beachten, dass die Reihenfolge der Verben im Perfekt und Plusquamperfekt der im Präsens entspricht: Hilfsverb + Infinitiv (Verb 1) + Infinitiv (Verb 2).

Präsens	Ik moet (1) een uur wachten (2).	*Ich muss (1) eine Stunde warten (2).*
Perfekt	Ik heb een uur moeten (1) wachten (2).	*Ich habe eine Stunde warten (2) müssen (1).*
Plusquamperfekt	Ik had een uur moeten (1) wachten (2).	*Ich hatte eine Stunde warten (2) müssen (1).*

Die Wahl des Hilfsverbs **hebben** oder **zijn** richtet sich nach dem ersten Infinitiv:

Ik **heb** kunnen komen. *Ich habe kommen können.*

Die Modalverben können natürlich wie im Deutschen auch als Vollverb, das heißt selbstständig, verwendet werden. In diesem Fall werden Perfekt bzw. Plusquamperfekt mit einem Partizip gebildet:

Präsens	Dat wil ik niet. Dat kan ik niet.	*Das will ich nicht.* *Das kann ich nicht.*
Perfekt	Dat heb ik niet **gewild.**	*Das habe ich nicht gewollt.*
Plusquamperfekt	Dat had ik niet **gekund.**	*Das hätte ich nicht gekonnt.*

Auch folgende Verben können einen modalen Charakter annehmen und Perfekt und Plusquamperfekt mit einem Infinitiv bilden: **blijven** *(bleiben)*, **doen** *(tun)*, **gaan** *(gehen)*, **horen** *(hören)*, **helpen** *(helfen)*, **komen** *(kommen)*, **laten** *(lassen)*, **leren** *(beibringen)*, **voelen** *(fühlen)*, **zien** *(sehen)*.

Wie bei den Modalverben entspricht auch bei diesen Verben die Reihenfolge der Verben im Perfekt und Plusquamperfekt der im Präsens:

Ich laat (1) mijn fiets repareren (2). *Ich lasse (1) mein Fahrrad reparieren (2).*
Ik heb mijn fiets **laten** (1) **repareren** (2). *Ich habe mein Fahrrad reparieren (2) lassen (1).*
Ich had mijn fiets **laten** (1) **repareren** (2). *Ich hatte mein Fahrrad reparieren (2) lassen (1).*

Ik blijf (1) eten (2). *Ich bleibe (1) zum Essen (2).*
Ik ben **blijven** (1) **eten** (2). *Ich bin zum Essen (2) geblieben (1).*

Ik ben **gaan** (1) **zwemmen** (2). *Ich bin schwimmen (2) gegangen (1).*
Ik heb hem **zien** (1) **zwemmen** (2). *Ich habe ihn schwimmen (2) sehen (1).*

Gebrauch

(niet) hoeven

(Niet) hoeven entspricht meistens *(nicht) brauchen* und ist somit die Verneinung oder eine Abschwächung von **moeten.** Wird es mit einem Infinitiv kombiniert, steht **te** vor dem Infinitiv:

Je **hoeft** je geen zorgen te maken.	*Du brauchst dir keine Sorgen zu machen.*
Je **hoeft niet** bang te zijn.	*Du brauchst keine Angst zu haben./ Du musst keine Angst haben.*
Moet je nog veel doen? Ik **hoef** alleen nog maar de mails te beantwoorden.	*Musst du noch viel arbeiten? Ich muss nur noch die E-Mails beantworten.*
Piet **hoeft** voor het examen maar twee boeken te lezen.	*Piet braucht für die Prüfung nur zwei Bücher zu lesen.*
Je **hoeft** dit tentamen volgend jaar niet over te doen.	*Du brauchst die Klausur nächstes Jahr nicht zu wiederholen.*

Aber:

Je **moet** dit tentamen volgend jaar overdoen.	*Du musst diese Klausur nächstes Jahr wiederholen.*

! *Brauchen* in der Bedeutung *benötigen* ist im Niederländischen **nodig hebben**:

Ik **heb** nog een treinkaartje **nodig.**	*Ich brauche noch eine Fahrkarte.*

kunnen

- im Stande sein etwas zu tun:

Ik **kan** niet zwemmen.	*Ich kann nicht schwimmen.*

- die Gelegenheit haben:

Naar de bioscoop? Ja leuk, maar zaterdag **kan** ik niet.	*Ins Kino? Toll, aber Samstag kann ich nicht.*

- eine höfliche Bitte:

Kunt u misschien even wachten?	*Könnten Sie bitte kurz warten?*

- Möglichkeit:

Het **kan** zijn dat mijn vriendin vanavond nog komt.	*Es kann sein, dass meine Freundin heute Abend noch kommt.*

moeten

- Notwendigkeit:

Ik **moet** dit afmaken.	*Ich muss dies fertig machen.*

- Ratschlag:

Heb je dit artikel al gelezen? Dat **moet** je echt lezen! Je **moet** niet zoveel chips eten.	*Hast du diesen Artikel schon gelesen?* *Den musst du unbedingt lesen.* *Du solltest nicht so viel Chips essen.*

- Schlussfolgerung:

Ze is niet thuis en niet op haar werk. Dan **moet** ze nog in de file staan.	*Sie ist weder zu Hause noch auf der Arbeit. Dann steckt Sie wohl noch im Stau.*

mogen

- Etwas bestellen, höfliche Bitte:

Mag ik nog een biertje? **Mag** ik er even langs?	*Könnte ich noch ein Bier haben?* *Dürfte ich mal kurz vorbei?*

- Erlaubnis:

Mamma, **mogen** wij vanmiddag naar het zwembad? De dokter zegt dat ik volgende week weer **mag** werken.	*Mama, dürfen wir heute Nachmittag ins Schwimmbad gehen?* *Der Arzt sagt, ich könnte nächste Woche wieder arbeiten.*

- Möglichkeit (nur im Imperfekt):

Mochten er problemen zijn, bel me dan even op. **Mochten** jullie belangstelling voor dat boek hebben, dan kan ik het voor jullie bestellen.	*Sollte es Probleme geben, rufe mich einfach an.* *Solltet ihr an dem Buch interessiert sein, dann kann ich es für euch bestellen.*

- Gegensatz:

Zij **mag** dan wel drie jaar in Frankrijk hebben gewerkt, haar Frans is nog altijd vreselijk.	*Sie mag drei Jahre in Frankreich gearbeitet haben, ihr Französisch ist immer noch grauenvoll.*

willen

- Wunsch:

Ik **wil** niet weer een uur wachten.	*Ich will/möchte nicht nochmal eine Stunde warten.*

- Möglichkeit:

Het **wil** wel eens gebeuren dat de trein te laat is.	*Es passiert schon mal, dass der Zug sich verspätet.*

zullen

- Versprechen:

Ik **zal** mijn tennisracket voor je opzoeken.	*Ich werde meinen Tennisschläger für dich heraussuchen.*
We **zullen** er om drie uur zijn.	*Wir sind um drei Uhr da.*

- Vorschlag:

Zullen we vanavond naar de film gaan?	*Sollen wir heute Abend ins Kino gehen?*

- Wahrscheinlichkeit, meistens mit **wel**:

Jan **zal** wel weer te laat komen. Hij is altijd te laat.	*Jan wird wohl wieder zu spät kommen. Er ist immer zu spät.*
Dat was een lange dag. Jullie **zullen** wel moe zijn.	*Das war ein langer Tag. Ihr seid sicherlich müde.*

- Zukunft:

De burgemeester **zal** ook aan de herdenkingsplechtigheid deelnemen.	*Der Bürgermeister wird auch an der Gedenkfeier teilnehmen.*
De resultaten **zullen** schriftelijk bekend worden gemaakt.	*Die Ergebnisse werden schriftlich bekanntgegeben.*

- Unsichere Information, Gerücht (Imperfekt: **zou/zouden**):

Hun buurman **zou** in de gevangenis zitten.	*Ihr Nachbar soll im Gefängnis sitzen.*
De verkiezingen **zouden** twee weken worden uitgesteld.	*Die Wahlen sollen um zwei Wochen verschoben werden.*

- Irrealität, mit Imperfekt **zou/zouden**:

Als ik vakantie **zou** hebben, zou ik nu lekker in de tuin zitten.	*Wenn ich Urlaub hätte, würde ich jetzt schön im Garten sitzen.*

▶ Zu **zou/zouden** siehe Seite 64 ff.

- Ratschlag:

Als ik jou was, **zou** ik dat niet doen.	*Wenn ich du wäre/an deiner Stelle würde ich das nicht machen.*
Zouden jullie niet liever naar huis gaan?	*Solltet ihr nicht lieber nach Hause gehen?*

- Höfliche Bitte:

Zouden jullie even willen wachten?	*Könntet ihr einen Moment warten?*
Zou je me even willen helpen?	*Könntest du mir mal eben helfen?*

Einige Konstruktionen mit Infinitiv

aan het + Infinitiv + **zijn**

Die Konstruktion **aan het** + Infinitiv + **zijn** wird benutzt, wenn man betonen will, dass etwas jetzt geschieht und eine bestimmte Dauer hat:

Ik **ben aan het opruimen.**	*Ich räume (gerade) auf.*
De buren **zijn** al weer **aan het stofzuigen.**	*Die Nachbarn staubsaugen schon wieder.*

Allgemein	Aktivität jetzt + Dauer
Wat doe je?	Wat ben je aan het doen?
Was machst du (so)?	*Was machst du (gerade)?*
Ik werk bij een bank.	Ik ben mijn fiets aan het repareren.
Ich arbeite bei einer Bank.	*Ich repariere (gerade) mein Fahrrad.*

! **bezig zijn**

Ik **ben bezig** mijn fiets te repareren.	*Ich bin (gerade) dabei, mein Fahrrad zu reparieren.*

te + Infinitiv

Die Verben **hangen** *(hängen)*, **liggen** *(liegen)*, **lopen** *(laufen)*, **staan** *(stehen)* und **zitten** *(sitzen)* können auch als modifizierende Verben gebraucht werden und werden dann mit **te** + Infinitiv kombiniert. Diese Konstruktion wird benutzt, wenn auch die Position (sitzen, liegen, stehen usw.) angedeutet wird.

Die Konstruktion kommt vor allem in der gesprochenen Sprache sehr häufig vor, da es sich meistens um alltägliche Aktivitäten handelt, die eine gewisse Dauer haben. Da diese Position nicht das Wesentliche eines Satzes ausdrücken will, muss man diese meistens nicht ins Deutsche übersetzen:

We **zitten** net **te eten.**	*Wir sind gerade beim Essen.*
Opa **staat** pannenkoeken **te bakken.**	*Opa backt gerade Pfannkuchen.*
We **staan** op de bus **te wachten.**	*Wir warten auf den Bus.*
Stoor me niet, ik **zit te werken.**	*Stör mich nicht, ich arbeite (gerade)!*
Mijn broer **ligt** op de bank **te lezen.**	*Mein Bruder liegt auf dem Sofa und liest.*
De worsten **hangen** in de keuken **te drogen.**	*Die Würste hängen zum Trocknen in der Küche.*

! Im Perfekt wird **te** oft weggelassen:

Hij **heeft** een boek **zitten lezen.**	*Er las ein Buch.*
Ik **heb** een half uur op de bus **staan wachten.**	*Ich habe eine halbe Stunde auf den Bus gewartet.*

Auch bei Satzkonstruktionen mit **te** wird die Reihenfolge der Verben unabhängig von der Zeit beibehalten:

Ik **zit** de hele avond aan het artikel **te werken.**	*Ich arbeite den ganzen Abend an dem Artikel.*
Ik **heb** de hele avond aan het artikel **zitten werken.**	*Ich habe den ganzen Abend an dem Artikel gearbeitet.*

om + te + Infinitiv

Mit **om + te** + Infinitiv kann man ein Ziel ausdrücken:

Ik verhuis naar Nijmegen **om** dichter bij mijn werk **te wonen.**	*Ich ziehe nach Nimwegen, um näher an meinem Arbeitsplatz zu wohnen./ Ich ziehe nach Nimwegen, damit ich näher an meinem Arbeitsplatz wohne.*

Nach **te** + Adjektiv folgt *immer* eine Konstruktion mit **om te** + Infinitiv:

Wij zijn **te ongemotiveerd om te werken.**	*Wir sind zu unmotiviert zum Arbeiten.*
Die koffie is **te** heet **om te drinken.**	*Der Kaffee ist zu heiß zum Trinken.*

8 Omdat ik zoveel van je hou – Konjunktionen

Konjunktionen verbinden zwei Sätze oder Satzteile miteinander. Es gibt nebenordnende und unterordnende Konjunktionen.

Nebenordnende Konjunktionen

Eine nebenordnende Konjunktion verknüpft zwei gleichwertige Sprachelemente wie zum Beispiel zwei Wörter oder Wortgruppen, zwei Haupt- oder zwei Nebensätze. Die Reihenfolge der Satzglieder im Satz ändert sich nicht.

en	Ik heb melk en cola.	*Ich habe Milch und Cola.*
zowel ... als/ en ... en	Er stond zowel rode als witte wijn op tafel. Er stond en rode en witte wijn op tafel.	*Es stand sowohl Rot- als auch Weißwein auf dem Tisch.*
(noch...) noch	Hij drinkt (noch) alcohol noch koffie.	*Er trinkt weder Alkohol noch Kaffee.*
of	Wil je koffie of thee?	*Willst du Kaffee oder Tee?*
maar	Ik heb eigenlijk geen tijd, maar ik ga toch naar het feestje.	*Ich habe eigentlich keine Zeit, aber ich gehe trotzdem zu der Party.*
want	Ik sta vroeg op, want ik moet naar mijn werk.	*Ich stehe früh auf, denn ich muss zur Arbeit.*
niet alleen ... maar ook	Hij was niet alleen moe maar ook ziek.	*Er war nicht nur müde, sondern auch krank.*
of ... of	Je krijgt of een boek of een CD.	*Entweder bekommst du ein Buch oder eine CD.*

! **Dus** ist im Niederländischen sowohl eine nebenordnende Konjunktion als auch ein Konjunktionaladverb (mit Inversion):

Ik had de trein gemist, **dus** ik kwam te laat. Ik had de trein gemist, **dus** kwam ik te laat.	*Ich hatte den Zug verpasst, also kam ich zu spät.*

Unterordnende Konjunktionen

Eine unterordnende Konjunktion leitet einen Nebensatz ein und verknüpft dadurch den Nebensatz mit dem übergeordneten Satz. Unterordnende Konjunktionen haben verschiedene Funktionen:

Gegensatz		
(al)hoewel	Hoewel ik geen tijd heb, kom ik toch even langs.	*Obwohl ich keine Zeit habe, komme ich doch kurz vorbei.*

Grund, Ursache		
omdat	Ik sta vroeg op, omdat ik naar mijn werk moet.	*Ich stehe früh auf, weil ich zur Arbeit muss.*
aangezien	Het debat wordt uitgesteld, aangezien de minister ziek is.	*Die Debatte wird vertagt, weil der Minister krank ist.*
doordat	De trein heeft vertraging, doordat er blaadjes op de rails liggen.	*Der Zug hat Verspätung, (dadurch dass) weil Laub auf den Schienen liegt.*

Ziel, Ergebnis, Konsequenz		
opdat	Ze gaat een jaar in Cambridge studeren, opdat ze goed Engels leert.	*Sie studiert ein Jahr in Cambridge, damit sie gut Englisch lernt.*
zodat	Ze heeft een jaar in Cambridge gestudeerd, zodat ze nu goed Engels spreekt.	*Sie hat ein Jahr in Cambridge studiert, sodass sie jetzt gut Englisch spricht.*

! **Opdat** wird in der Umgangssprache wenig verwendet und oft ersetzt durch **om ... te** + Infinitiv:

om goed Engels **te** leren	*um gut Englisch zu lernen/ damit sie gut Englisch lernt*

Bedingung		
als/wanneer	Als/wanneer je te laat begint, krijg je het werk niet op tijd af.	*Wenn du zu spät anfängst, wirst du mit der Arbeit nicht rechtzeitig fertig.*
indien	Indien u te laat begint, krijgt u het werk niet op tijd af.	*Wenn/falls Sie zu spät anfangen, werden Sie mit der Arbeit nicht rechtzeitig fertig.*
mits	Je krijgt het werk op tijd af, mits je niet te laat begint.	*Du wirst rechtzeitig mit der Arbeit fertig, vorausgesetzt du fängst nicht zu spät an.*
tenzij	Je krijgt het werk op tijd af, tenzij je te laat begint.	*Du wirst rechtzeitig fertig, es sei denn, du fängst zu spät an.*

Zeit		
terwijl	Hij kijkt televisie, terwijl hij eten kookt.	*Er guckt Fernsehen, während er Essen kocht.*
voordat	Je moet je handen wassen, voordat je gaat eten.	*Du musst deine Hände waschen, bevor du isst.*
nadat	Nadat hij had gegeten, deed hij de afwas.	*Nachdem er gegessen hatte, spülte er.*
totdat	We blijven in de winkel totdat hij sluit.	*Wir bleiben im Laden, bis er schließt.*
toen	Waar woonde jij toen je klein was?	*Wo wohntest du, als du klein warst?*
zodra	Zodra ik meer weet, bel ik je op.	*Sobald ich mehr weiß, rufe ich dich an.*
als/ wanneer	Als/wanneer ik opsta, ga ik eerst douchen.	*Wenn ich aufstehe, dusche ich erst.*
sinds	Sinds mijn achttiende heb ik een rijbewijs.	*Seit meinem 18. Lebensjahr habe ich den Führerschein.*

Want (*denn*) kann nie am Anfang eines Satzes stehen, sondern steht am Anfang eines nachgestellten Hauptsatzes. **Omdat** (*weil*) kann nur im Nebensatz verwendet werden:

Omdat ik te laat was, kon ik geen melk meer kopen. Ik kon geen melk meer kopen, **omdat ik te laat was.**	*Weil ich zu spät war, konnte ich keine Milch mehr kaufen.*
Ik kon geen melk meer kopen, **want ik was te laat.**	*Ich konnte keine Milch mehr kaufen, denn ich war zu spät.*

! während: Präposition = tijdens

Tijdens het eten kijk ik televisie. *Während des Essens gucke ich Fernsehen.*

während: Bindewort = terwijl

Ik eet **terwijl** ik televisie kijk. Ich esse während ich Fernsehen gucke.

toen – als *als – wenn*

Toen kommt nur beim Imperfekt und Plusquamperfekt vor. Es bezieht sich auf ein einmaliges Ereignis oder eine einmalige Situation in der Vergangenheit:

Toen hij dat zei, werd ik woedend.	*Als er das sagte, wurde ich wütend.*
Toen ik klein was, woonde ik in Maastricht.	*Als ich klein war, wohnte ich in Maastricht.*
Toen hij dat gezegd had, ging hij weg.	*Als er das gesagt hatte, ging er weg.*

Als bezieht sich auf regelmäßig wiederkehrende Ereignisse, Gewohnheiten in der Gegenwart und auf logische Folgen und Bedingungen:

Als de zon schijnt koopt hij op de terugweg altijd een ijsje.	*Wenn die Sonne scheint, kauft er sich auf dem Heimweg immer ein Eis.*
Als ik nu niet ga slapen, ben ik morgen ziek.	*Wenn ich jetzt nicht schlafen gehe, bin ich morgen krank.*

Als kann sich auch auf die Vergangenheit beziehen, wenn es um immer wiederkehrende Handlungen, Gewohnheiten oder Traditionen geht:

We waren altijd heel stil **als** opa een middagslaapje deed.	*Wir waren immer ganz leise, wenn Opa ein Mittagsschläfchen machte.*
Als ik jarig was, bakte mijn moeder altijd een taart.	*Wenn ich Geburtstag hatte, backte meine Mutter einen Kuchen.*

dat – of – hoe
dass – ob – wie

Die Konjunktionen **dat, of** und **hoe** werden wie im Deutschen gebraucht:

Ze wisten **dat** hij te laat zou komen.	*Sie wussten, dass er zu spät kommen würde.*
Ze vroegen, **of** hij iets eerder kon komen.	*Sie fragten, ob er etwas früher kommen könne.*
Ze wist niet, **hoe** laat het was.	*Sie wusste nicht, wie spät es war.*

9 Van voor naar achter – Präpositionen

Der Gebrauch der Präpositionen im Niederländischen ähnelt dem deutschen. Die Wörter, die nach einer Präposition stehen, sind allerdings im Niederländischen unveränderlich, d. h., sie werden nicht flektiert.
Die Präpositionen werden unter anderem für Ortsangaben (zum Beispiel **achter, beneden, bij, binnen, boven, buiten, in, naast, onder, op, voor**), Zeitangaben (zum Beispiel **na, over, tijdens, voor**) und Richtungsangaben (zum Beispiel **langs, naar**) sowie für Grund, Ursache, Ziel (zum Beispiel **door, om**) usw. verwendet.

In Kombination mit einer Präposition wird bei Pronomen für Personen die Objektform und für Sachen ein Pronominaladverb verwendet:

Ik ben **bij haar** geweest.	*Ich war bei ihr.*
Het meisje houdt **van hem.**	*Das Mädchen liebt ihn.*
Ik zit op de stoel. Ik zit **erop.**	*Ich sitze auf dem Stuhl. Ich sitze darauf.*

▶ Kapitel Er + Präposition (Pronominaladverb), Seite 34 f.

Einige wichtige Präpositionen

Zwischen Klammern steht immer die Hauptbedeutung der Präposition. Idiomatische Ausdrücke werden hier nicht thematisiert.

aan *(an)*	aan beide kanten	*an beiden Seiten*
	Hij geeft de boeken aan zijn nichtje.	*Er gibt die Bücher seiner Nichte.*
	We werken aan een belangrijk project.	*Wir arbeiten an einem wichtigen Projekt.*
achter *(hinter)*	Achter het huis is een mooie tuin.	*Hinter dem Haus ist ein schöner Garten.*
beneden *(unter, unterhalb)*	Deze film is niet voor kinderen beneden de 12 jaar.	*Dieser Film ist nicht für Kinder unter 12 Jahren.*
bij *(bei)*	Ik moet me bij de rector melden.	*Ich muss mich beim Direktor melden.*
binnen *(innerhalb)*	Het artikel wordt binnen een week geleverd.	*Der Artikel wird innerhalb einer Woche geliefert.*
boven *(über, oberhalb)*	Ik woon boven mijn ouders.	*Ich wohne über meinen Eltern.*
	Hun vrienden zijn allemaal boven de veertig.	*Ihre Freunde sind alle über vierzig.*

buiten *(außerhalb, außer)*	Ze wonen buiten het dorp.	*Sie wohnen außerhalb des Dorfes.*
	Ze hebben de beslisssing buiten mij om genomen.	*Sie haben die Entscheidung ohne mich getroffen.*
	Zij is buiten zichzelf van woede.	*Sie ist außer sich vor Wut.*
door *(durch, von)*	Het kind wordt door de moeder aangekleed.	*Das Kind wird von der Mutter angezogen.*
	Wij wandelen door het park.	*Wir spazieren durch den Park.*
in *(in)*	In welke stad wonen jullie?	*In welcher Stadt wohnt ihr?*
	Kees is in 1999 geboren.	*Kees ist 1999 geboren.*
langs *(entlang)*	Hij liep langs de rivier.	*Er lief den Fluss entlang.*
	Wij zagen de bloemen langs de straat.	*Wir sahen die Blumen an der Straße.*
	Na school gaat hij bij zijn oma langs.	*Nach der Schule geht er bei seiner Oma vorbei.*
met *(mit)*	Ik kom met de auto.	*Ich komme mit dem Auto.*
	Met Kerstmis gaan ze naar hun ouders.	*(Zu) Weihnachten fahren sie zu ihren Eltern.*
	We gaan met z'n tweeën op vakantie.	*Wir fahren zu zweit in den Urlaub.*
na *(nach)*	Na de vakantie ga ik studeren.	*Nach den Ferien fange ich an zu studieren.*
	Na een uur waren ze al terug.	*Nach einer Stunde waren sie schon zurück.*
naar *(nach)*	Hoe laat gaan jullie naar huis?	*Wie spät geht ihr nach Hause?*
naast *(neben)*	Naast ons huis is een bakker.	*Neben unserem Haus ist ein Bäcker.*
om *(um)*	Ik kom om vijf uur.	*Ich komme um fünf Uhr.*
	Dit lawaai is om gek van te worden!	*Dieser Lärm ist zum Verrücktwerden!*
onder *(unter)*	Onder het plein is een parkeergarage.	*Unter dem Platz ist ein Parkplatz.*
	Deze film is niet voor kinderen onder de 12 jaar.	*Dieser Film ist nicht für Kinder unter 12 Jahren.*
op *(auf)*	Op welke pagina staat dat?	*Auf welcher Seite steht das?*
	Op zondag is deze winkel gesloten.	*Sonntags hat dieser Laden geschlossen.*
	Jan is op zijn kamer.	*Jan ist in seinem Zimmer.*

over *(über)*	De vogel vliegt over de boom. Over een half jaar moet ze examen doen.	*Der Vogel fliegt über den Baum.* *In einem halben Jahr muss sie Examen machen.*
per *(per)*	Het pakket wordt per post verzonden. De nieuwe schoolregelingen worden per 1 januari van kracht.	*Das Paket wird per Post verschickt.* *Die neuen Schulvorschriften treten ab dem 1. Januar in Kraft.*
rond *(rund, gegen)*	Ik kom rond de middag. Het hele gezin zat rond de tafel.	*Ich komme gegen Mittag.* *Die ganze Familie saß um den Tisch (herum).*
sinds *(seit)*	Ik ben sinds drie weken met verlof.	*Ich bin seit drei Wochen beurlaubt.*
te *(zu)*	Hij komt hier alleen maar om te slapen. De Dom te Utrecht.	*Er kommt nur zum Schlafen hierher.* *Der Dom in/zu Utrecht.*
tegen *(gegen)*	tegen de wind in lopen de fiets tegen de etalage zetten Hij zei iets liefs tegen mij. Ik kwam tegen middernacht thuis.	*gegen den Wind laufen* *das Fahrrad an das Schaufenster stellen* *Er sagte etwas Liebes zu mir.* *Ich kam gegen Mitternacht nach Hause.*
tegenover *(gegenüber)*	Tegenover mij woont mijn beste vriendin.	*Gegenüber wohnt meine beste Freundin.*
tijdens *(während)*	Tijdens de colleges leest hij de krant.	*Während der Seminare liest er Zeitung.*
tot *(bis, zu)*	U kunt dit formulier tot 1 mei opsturen. Tot volgende week! We moeten tot en met hoofdstuk drie voorbereiden.	*Sie können dieses Formular bis zum 1. Mai zuschicken.* *Bis nächste Woche!* *Wir müssen bis einschließlich Kapitel drei vorbereiten.*
tussen *(zwischen)*	Ik sta tussen twee auto's.	*Ich stehe zwischen zwei Autos.*
uit *(aus)*	Ik kijk uit het raam.	*Ich schaue aus dem Fenster.*
van *(von)*	Dat is de broer van Anne. Afblijven! Dat is van mij!	*Das ist der Bruder von Anne.* *Finger weg! Das gehört mir!*

vanaf *(seit)*	Vanaf 1 juni hebben we vakantie.	*Ab (dem) 1. Juni haben wir Urlaub.*
volgens *(zufolge, laut)*	Volgens het weerbericht gaat het morgen regenen. Volgens mijn leraar hebben we morgen vrij.	*Dem Wetterbericht zufolge regnet es morgen.* *Laut meinem Lehrer haben wir morgen frei.*
voor *(vor, für, bevor)*	De bussen stoppen voor het station. Dit hoofdstuk bespreken we nog voor de pauze. Voor je het weet, word je ziek. Deze bloemen zijn voor jou. U moet dit formulier voor 1 mei opsturen.	*Die Busse halten vor dem Bahnhof.* *Dieses Kapitel besprechen wir noch vor der Pause.* *Bevor du es weißt, wirst du krank.* *Diese Blumen sind für dich.* *Sie müssen dieses Formular vor dem 1. Mai wegschicken.*
wegens *(wegen)*	Wegens ziekte gesloten.	*Wegen Krankheit geschlossen.*
zonder *(ohne)*	Zonder mijn boeken kan ik niet werken.	*Ohne meine Bücher kann ich nicht arbeiten.*

- Nicht zu verwechseln sind die Präpositionen **na** und **naar**:

Zeitangabe, Folge	**Na** april komt mei.	*Nach April kommt Mai.*
Richtung	We gaan in de zomer **naar** Frankrijk.	*Wir fahren im Sommer nach Frankreich.*

- Auch die Präposition **tijdens** und die Konjunktion **terwijl** werden häufig verwechselt:

Präposition + Substantiv	**Tijdens** het douchen zing ik een liedje.	*Während des Duschens singe ich ein Lied.*
Konjunktion + Verb	Ik zing een liedje **terwijl** ik douche.	*Ich singe ein Lied, während ich dusche.*

- Einige Präpositionen **(af, door, in, langs, om, op, over, rond, uit, voorbij)** stehen bei einer Richtungsangabe häufig hinter dem Bezugswort:

Ik ga de stad **in.**	*Ich gehe in die Stadt.*
Als het donker is, ga ik de deur niet **uit.**	*Wenn es dunkel ist, gehe ich nicht hinaus.*

Die Satzstellung kann auch zu einem Bedeutungsunterschied führen:

Richtung	Ik loop de tuin **in.**	*Ich gehe in den Garten (hinaus).*
Ort	Ik loop **in** de tuin.	*Ich gehe im Garten herum.*

10 Een beetje veel – Grundzahlen, Ordnungszahlen

Die Grundzahlen

0	nul				
1	een	12	twaalf	30	**de**rtig
2	twee	13	**der**tien	33	drieëndertig
3	drie	14	**veer**tien	40	**vee**rtig
4	vier	15	vijftien	50	vijftig
5	vijf	16	zestien	60	zestig
6	zes	17	zeventien	70	zeventig
7	zeven	18	achttien	80	**t**achtig
8	acht	19	negentien	88	achten**t**achtig
9	negen	20	twintig	90	negentig
10	tien	21	eenentwintig	100	honderd
11	elf	22	tweeëntwintig	101	honderdeen

Bei **twintig, dertig, veertig** usw. wird das **–i** der Endung wie ein unbetontes **–e** ausgesprochen, ähnlich dem *e* im französischen Artikel *le*.

200	tweehonderd	$^1/_4$	eenvierde, een kwart
1000	duizend	$^1/_2$	een half
1047	duizendzevenenveertig	$^2/_3$	tweederde
1100	elfhonderd	$^3/_4$	drievierde, driekwart
1200	twaalfhonderd	$1^1/_2$	anderhalf

1.000.000	een miljoen	*eine Million*
2.000.000	twee **miljoen**	*zwei Millionen*

Gebrauch

Datumsangaben

Het is vandaag **23** maart. — *Heute ist der 23. März.*

In Briefen:

Utrecht, **6** juni 2004 — *Utrecht, 6. Juni 2004*

In der Datumsangabe ist die Zahl eine Grundzahl; es wird kein Punkt geschrieben (Ausgesprochen: *drieëntwintig maart* und *zes juni)*.

Jahreszahlen

1992	negentientweeënnegentig
2001	tweeduizendeen

Rechenaufgaben

optellen *(addieren)*	3 + 2 = 5	drie plus twee is vijf
aftrekken *(subtrahieren)*	4 - 2 = 2	vier min twee is twee
delen *(dividieren)*	8 : 2 = 4	acht gedeeld door twee is vier
vermenigvuldigen *(multiplizieren)*	3 x 2 = 6	drie keer/maal twee is zes

Temperaturangaben

Het is 20°. Het is 20 grad**en.**	*Es sind 20 Grad.*
Het is -10°. Het ist min 10 (grad**en)**.	*Es sind minus 10 Grad.*
Het vriest tien graden./Het is tien graden onder nul.	*Es sind minus 10 Grad./ Es sind 10 Grad minus.*

Uhrzeiten

Hoe laat ist het?	*Wie spät ist es?*
Het is precies zes uur.	*Es ist genau sechs Uhr.*
Het is vijf over zes.	*Es ist fünf nach sechs.*
Het is kwart over zes.	*Es ist Viertel nach sechs.*
Het is tien voor half zeven.	*Es ist zehn vor halb sieben.*
Het is twintig over zes.	*Es ist zwanzig nach sechs.*
Het is half zeven.	*Es ist halb sieben.*
Het is tien over half zeven.	*Es ist zehn nach halb sieben.*
Het is twintig voor zeven.	*Es ist zwanzig vor sieben.*
Het is kwart voor zeven.	*Es ist Viertel vor sieben.*
Hoe laat kom je?	*Wie spät kommst du?*
Ik kom om een uur of drie.	*Ich komme (so) gegen drei.*
Ik kom zo tegen drieën.	*Ich komme so gegen drei.*
Ik kom rond drie uur.	*Ich komme so gegen drei.*
Hoe lang ben je gebleven?	*Wie lange bist du geblieben?*
een kwartier	*eine Viertelstunde*
ruim een uur	*eine gute Stunde*
een uurtje	*eine knappe Stunde*
anderhalf uur	*anderthalb Stunden*
een uur of drie	*etwa drei Stunden*
een dag of wat	*einige Tage*

Wanneer?	*Wann?*
over een uur een uur geleden	*in einer Stunde* *vor einer Stunde*

Singular und Plural

Nach einer Grundzahl stehen einige Substantive im Singular. Hierbei handelt es sich um Wörter, die eine Maßeinheit (Inhalt, Länge, Anzahl, Gewicht, Betrag) angeben, sowie die Wörter **keer** und **maal:**

meter	Hij is twee meter groot.	*Er ist zwei Meter groß.*
liter	In de emmer past drie liter.	*In den Eimer passen drei Liter.*
keer	Ik kijk drie keer per dag naar de mail.	*Ich sehe drei Mal am Tag nach den Mails.*

Zeitangaben stehen nach Grundzahlen in der Regel im Plural:

Hij kwam **tien minuten** te laat. Het is **tien minuten** over acht.	*Er kam zehn Minuten zu spät:* *Es ist zehn Minuten nach acht.*

Kwartier, uur und **jaar** stehen im Singular:

het kwartier	Hij kwam drie kwartier te laat.	*Er kam eine dreiviertel Stunde zu spät.*
het uur	Kom over een paar uur maar eens terug.	*Komm in ein paar Stunden wieder.*
het jaar	Hij werkte twee jaar aan zijn proefschrift.	*Er arbeitete zwei Jahre an seiner Doktorarbeit.*

Wird aber die Länge der Zeit durch ein vorangehendes Adjektiv betont, wird der Plural verwendet:

uren	De laatste uren van zijn leven bracht hij in eenzaamheid door.	*Die letzten Stunden seines Lebens verbracht er in Einsamkeit.*
jaren	Hij werkte twee lange jaren aan zijn proefschrift.	*Er arbeitete zwei lange Jahre an seiner Doktorarbeit.*

Die Ordnungszahlen

Die Ordnungszahlen werden bis einschließlich 19. aus der Grundzahl + **-de** gebildet. Ausnahmen sind **eerste** (1e), **derde** (3e) und **achtste** (8e). Die Zahlen ab 20. bilden die Ordnungszahl aus Grundzahl + **-ste**.

1e	**eerste**	11e	elfde
2e	**tweede**	12e	twaalfde
3e	**derde**	13e	dertiende
4e	vierde	14e	veertiende
5e	vijfde	15e	vijftiende
6e	zesde	16e	zestiende
7e	zevende	17e	zeventiende
8e	**achtste**	18e	achttiende
9e	negende	19e	negentiende
10e	tiende	20e	twintig**ste**

Bei einer Ordnungszahl wird nie ein Punkt, sondern ein -**e** hinter der Grundzahl geschrieben.

Bei selbstständigem Gebrauch erhält **eerste** im Plural ein **-n,** wenn es sich um Personen handelt:

de **eersten** en de laatsten — *die ersten und die letzten*

Gebrauch

Ordnungszahlen verwendet man in folgenden Fällen:

um eine Reihenfolge auszudrücken:

Volgende week vindt de **derde** workshop plaats. — *Nächste Woche findet der dritte Workshop statt.*

Op de **vierde** dag van de vakantie word ik altijd ziek. — *Am vierten Ferientag werde ich immer krank.*

bei einer Aufzählung nach ten:

ten eerste	Ten eerste is het boek te duur.	*Erstens ist das Buch zu teuer.*
ten tweede	Ten tweede is het te dik.	*Zweitens ist es zu dick.*
ten derde	Ten derde is het ook nog saai.	*Drittens ist es auch noch langweilig.*

bei einer Altersangabe:

Vanaf je **achttiende** mag je stemmen. — *Ab dem achtzehnten Lebensjahr darf man wählen.*
Zij wil doorwerken tot haar **vijfenzestigste.** — *Sie will bis zu ihrem fünfundsechzigsten weiterarbeiten.*

11 Zinnetjes – Der Satz

Die Stellung der Satzglieder im Niederländischen ist weitgehend identisch mit der Satzstellung im Deutschen. Das Niederländische ist aber oft flexibler.

Hauptsatz

In der Regel ist die Stellung der Satzglieder im Aussagesatz Subjekt, Prädikat, Objekt(e):

Subjekt	Verb	präpositionales Objekt	direktes Objekt	präpositionales Objekt
Ik	koop	voor Jan	een boek.	
Ik	koop		een boek	voor Jan.

In der Konstruktion mit der Präposition **aan** kann die Präposition, wenn sie vor dem direkten Objekt steht, weggelassen werden. Ohne diese Präposition *muss* das indirekte Objekt vor dem direkten Objekt stehen:

Subjekt	Verb	(indirektes) präpositionales Objekt	direktes Objekt	(indirektes) präpositionales Objekt
Ik	geef	(aan) hem	een boek.	
Ik	geef		een boek	aan hem.

Wenn neben der Personalform des Verbs noch weitere Verbformen stehen, wird das Partizip oder der Infinitiv des Hauptverbs meist ans Ende des Satzes gestellt (Satzklammer):

Subjekt	Verb	präpositionales Objekt	direktes Objekt	präpositionales Objekt	andere Verbformen
Ik	heb	voor Jan	een boek		gekocht.
Ik	wil	voor Jan	een boek		kopen.
Ik	heb		een boek	voor Jan	gekocht.
Ik	wil		een boek	voor Jan	kopen.

- Das präpositionale Objekt kann allerdings auch in diesem Fall ausgeklammert werden:

  Ik heb een boek gekocht **voor Jan.** Ik wil een boek kopen **voor Jan.**

Bei zwei oder mehr Infinitiven steht das jeweils relevantere Verb (Hauptverb) am Ende der Verbgruppe. Die Reihenfolge der Verben in der Verbgruppe ist im Niederländischen also wie folgt:

Hilfsverb (1) + Modalverb (2) + Modifizierendes Verb (3) + Hauptverb (4)

Subjekt	Verb	weitere Satzglieder	andere Verbformen
Jan *Jan*	wil *will*		blijven (3) slapen (4). *schlafen (4) bleiben (3).*
Ik *Ich*	kan *kann*	mijn fiets niet *mein Fahrrad nicht*	laten (3) repareren (4). *reparieren (4) lassen (3).*
Ik *Ich*	heb *habe*	Jan naar huis *Jan nach Hause*	zien (3) gaan (4). *gehen (4) sehen (3).*
Jan *Jan*	heeft *hat*	niet naar huis *nicht nach Hause*	kunnen (2) gaan (4). *gehen (4) können (2).*
Ik *Ich*	heb *habe*	mijn fiets niet *mein Fahrrad nicht*	kunnen (2) laten (3) repareren (4). *reparieren (4) lassen (3) können (2).*
Jan *Jan*	zou *würde*		willen (2) blijven (3) slapen (4). *schlafen (4) bleiben (3) wollen (2).*
Ik	zou	mijn fiets niet	hebben (1) kunnen (2) laten (3) repareren (4).
Ich	*hätte*	*mein Fahrrad nicht*	*reparieren (4) lassen (3) können (2).*

▶ Mehr über die Satzstellung im Perfekt und Plusquamperfekt bei Modalverben Kapitel Modalverben, Seite 70.

Nur wenn ein Partizip des Hauptverbs und ein Infinitiv eines der Hilfsverben **hebben, zijn** oder **worden** (mit oder ohne Infinitiv eines Modalverbs) vorkommen, kann das Partizip vor oder nach dem Hilfsverb bzw. der Infinitivgruppe stehen.

Subjekt	Verb	weitere Satzglieder	andere Verbformen
Ik	moet	morgen voor hem een boek	**hebben gekocht.** **gekocht hebben.**
Het boek	zal	wel door hem	**zijn gekocht.** **gekocht zijn.**
Het boek	moet	wel door hem	**worden gekocht.** **gekocht worden.**
Het boek	zou	wel door hem	**gekocht kunnen zijn.** **kunnen zijn gekocht.**

Inversion (Umstellung von Subjekt und Objekt) tritt wie im Deutschen in folgenden Fällen auf:

- wenn eine adverbialen Bestimmung der Zeit *(morgen)*, des Ortes *(hier)*, der Art und Weise *(vielleicht)* am Satzanfang steht:

andere Satzteile	Verb	Subjekt	weitere Satzglieder	andere Verbformen
Vandaag	lees	ik	een boek.	
Heute	*lese*	*ich*	*ein Buch.*	
Gisteren	heb	ik	een boek	gelezen.
Gestern	*habe*	*ich*	*ein Buch*	*gelesen.*
Misschien	koop	ik	nog een boek.	
Vielleicht	*kaufe*	*ich*	*noch ein Buch.*	

- beim Imperativ der Höflichkeitsform:

Verb	Subjekt	weitere Satzglieder
Neemt	u	nog een appel.
Nehmen	*Sie*	*noch einen Apfel.*
Neemt	u	plaats!
Setzen	*Sie*	*sich!*

- in Fragesätzen:

Fragewort	Verb	Subjekt	weitere Satzglieder	andere Verbformen
	Gaat	Jan	al naar huis?	
	Geht	*Jan*	*schon nach Hause?*	
	Is	Jan	al naar huis	gegaan?
	Ist	*Jan*	*schon nach Hause*	*gegangen?*
Hoe laat	gaat	Jan	naar huis?	
Wie spät	*geht*	*Jan*	*nach Hause?*	

Fallen Subjekt und Fragewort allerdings zusammen, folgt die normale Satzstellung:

Fragewort (Subjekt)	Verb	weitere Satzglieder	andere Verbformen
Wie	gaat	met Jan naar huis?	
Wer	*geht*	*mit Jan nach Hause?*	
Wie	is	met Jan naar huis	gegaan?
Wer	*ist*	*mit Jan nach Hause*	*gegangen?*

Nebensatz

Wie im Deutschen steht das Verb in einem Nebensatz in der Regel am Ende des Satzes:

Hauptsatz	Nebensatz			
	Konjunktion	Subjekt	weitere Satzglieder	Verb
Het kind zegt	dat	het	nog huiswerk	maakt.
Das Kind sagt,	*dass*	*es*	*noch Hausaufgaben*	*macht.*

- Allerdings können präpositionale Satzteile auch hinter der Personalform des Verbs stehen:

  Het kind zegt dat het alvast huiswerk maakt **voor volgende week.** *Das Kind sagt, dass es schon mal die Hausaufgaben für nächste Woche macht.*

Wenn das Hauptverb ein Infinitiv oder ein Partizip ist und mit der Personalform eines der Modalverben **kunnen, (niet) hoeven, moeten, mogen, willen** oder **zullen** kombiniert wird, kann das Hauptverb am Anfang oder am Ende der Verbgruppe stehen:

Hauptsatz	Nebensatz			
	Konjunkt.	Subjekt	weitere Satzglieder	Verbformen
Ik denk	dat	Jan	naar huis	**kan gaan.** **gaan kan.**
Ich denke,	*dass*	*Jan*	*nach Hause*	*gehen kann.*
Vind jij	dat	ik	deze opdracht	**moet doen?** **doen moet?**
Findest du,	*dass*	*ich*	*diese Aufgabe*	*machen muss?*
Ik vind	dat	dit werk	vandaag	**moet worden gedaan.** **gedaan moet worden.**
Ich finde,	*dass*	*diese Arbeit*	*heute*	*gemacht werden muss.*

In Nebensätzen sind das Partizip und die Personalform der Hilfsverben **hebben, zijn** und **worden** austauschbar. Die Abfolge der anderen Verbformen bleibt hier erhalten:

Hauptsatz	Nebensatz			
	Konjunkt.	Subjekt	Satzglied	Verbformen
Weet jij	dat	ik	het boek	**heb gekocht?** **gekocht heb?**
Weißt du,	*dass*	*ich*	*das Buch*	*gekauft habe?*

Ik beloof	dat	het werk	vandaag	**gedaan wordt.** **wordt gedaan.**
Ich verspreche,	*dass*	*die Arbeit*	*heute*	*gemacht wird.*

Verneinung

Die wichtigsten verneinenden Wörter sind: **geen** *(kein)*, **nee** *(nein)*, **nergens** *(nirgends, nirgendwo)*, **niemand** *(niemand)*, **niet** *(nicht)*, **niets** *(nichts)*, **(noch) … noch** *(weder … noch)* und **nooit** *(nie)*. Sie sind alle unveränderlich und werden in der Regel wie im Deutschen gebraucht.

Ik kom **niet.**	*Ich komme nicht.*
Wij hebben **geen** tv.	*Wir haben keinen Fernseher.*
Hij heeft **niemand** gezien.	*Er hat niemanden gesehen.*
Wij hebben **niets** gezien.	*Wir haben nichts gesehen.*
Dat heb ik nog **nooit** beleefd.	*Das habe ich noch nie erlebt.*
Ik kan hem **nergens** vinden.	*Ich kann ihn nirgends finden.*
Ik ben **(noch)** in Amsterdam **noch** in Brussel geweest.	*Ich war weder in Amsterdam noch in Brüssel.*
Nee, ik wil **niet.**	*Nein, ich will nicht.*

! Das Adverb **nog** *(noch)* ist nicht mit der verneinenden Konjunktion **noch** (*weder … noch*) zu verwechseln:

Ik heb **nog** tien minuten tijd.	*Ich habe noch zehn Minuten Zeit.*

Ik heb me een breuk gelachen – Liste der wichtigsten unregelmäßigen Verben

Beim Imperfekt werden jeweils die Singular-Form und die Pluralform aufgeführt. Verben, die die Perfektzeiten mit **zijn** bilden, sind beim Partizip mit **is** kenntlich gemacht. Ist das Hilfsverb manchmal **zijn,** manchmal **hebben**, steht **(is).**

Infinitiv	Imperfekt	Partizip	
bakken	bakte – bakten	gebakken	*backen*
beginnen	begon - begonnen	is begonnen	*anfangen*
begrijpen	begreep – begrepen	begrepen	*verstehen*
bewegen	bewoog - bewogen	bewogen	*bewegen*
bieden	bood - boden	geboden	*bieten*
bijten	beet - beten	gebeten	*beißen*
binden	bond - bonden	gebonden	*binden*
blazen	blies - bliezen	geblazen	*blasen*
blijken	bleek - bleken	is gebleken	*sich herausstellen*
blijven	bleef - bleven	is gebleven	*bleiben*
breken	brak – braken	gebroken	*brechen*
brengen	bracht – brachten	gebracht	*brengen*
buigen	boog – bogen	gebogen	*biegen*
denken	dacht – dachten	gedacht	*denken*
doen	deed – deden	gedaan	*machen, tun*
dragen	droeg – droegen	gedragen	*tragen*
drinken	dronk – dronken	gedronken	*trinken*
dwingen	dwong – dwongen	gedwongen	*zwingen*
eten	at – aten	gegeten	*essen*
fluiten	floot – floten	gefloten	*pfeifen*
gaan	ging – gingen	is gegaan	*gehen*
genezen	genas – genazen	(is) genezen	*genesen*
genieten	genoot – genoten	genoten	*genießen*
geven	gaf – gaven	gegeven	*geben*
gieten	goot- goten	gegoten	*gießen*
glijden	gleed – gleden	(is) gegleden	*gleiten*
glimmen	glom – glommen	geglommen	*glänzen*
graven	groef – groeven	gegraven	*graben*
grijpen	greep – grepen	gegrepen	*greifen*
hangen	hing – hingen	gehangen	*hängen*
hebben	had- hadden	gehad	*haben*
helpen	hielp – hielpen	geholpen	*helfen*
hoeven (niet)	hoefde – hoefden	gehoeven	*(nicht) brauchen*

Infinitiv	Imperfekt	Partizip	
houden	hield – hielden	gehouden	*halten*
kiezen	koos – kozen	gekozen	*wählen*
kijken	keek - keken	gekeken	*schauen*
klimmen	klom – klommen	(is) geklommen	*klettern*
klinken	klonk - klonken	geklonken	*klingen*
knijpen	kneep - knepen	geknepen	*kneifen*
kopen	kocht – kochten	gekocht	*kaufen*
krijgen	kreeg – kregen	gekregen	*kriegen*
kruipen	kroop – kropen	(is) gekropen	*kriechen*
kunnen	kon – konden	gekund	*können*
lachen	lachte – lachten	gelachen	*lachen*
laten	liet – lieten	gelaten	*lassen*
lezen	las – lazen	gelezen	*lesen*
liegen	loog – logen	gelogen	*lügen*
liggen	lag – lagen	gelegen	*liegen*
lijden	leed- leden	geleden	*leiden*
lijken	leek - leken	geleken	*gleichen, erscheinen*
lopen	liep – liepen	(is) gelopen	*gehen, laufen*
moeten	moest – moesten	gemoeten	*müssen*
mogen	mocht – mochten	gemogen	*dürfen, mögen*
nemen	nam – namen	genomen	*nehmen*
rijden	reed – reden	(is) gereden	*fahren (Auto usw.)*
roepen	riep – riepen	geroepen	*rufen*
ruiken	rook – roken	geroken	*riechen*
scheiden	scheidde – scheidden	(is) gescheiden	*scheiden*
schenken	schonk – schonken	geschonken	*schenken*
schieten	schoot – schoten	(is) geschoten	*schießen*
schijnen	scheen – schenen	geschenen	*scheinen*
schrijven	schreef – schreven	geschreven	*schreiben*
schrikken	schrok – schrokken	is geschrokken	*erschrecken*
schuiven	schoof – schoven	(is) geschoven	*schieben*
slaan	sloeg - sloegen	geslagen	*schlagen*
slapen	sliep – sliepen	geslapen	*schlafen*
sluiten	sloot – sloten	gesloten	*schließen*
snijden	sneed – sneden	gesneden	*schneiden*
spreken	sprak – spraken	gesproken	*sprechen*
springen	sprong – sprongen	(is) gesprongen	*springen*
staan	stond – stonden	gestaan	*stehen*
steken	stak – staken	gestoken	*stechen*

Infinitiv	Imperfekt	Partizip	
stelen	stal – stalen	gestolen	*stehlen*
sterven	stierf – stierven	is gestorven	*sterben*
stijgen	steeg – stegen	is gestegen	*steigen*
stinken	stonk – stonken	gestonken	*stinken*
treffen	trof – troffen	getroffen	*treffen*
trekken	trok – trokken	getrokken	*ziehen*
vallen	viel – vielen	is gevallen	*fallen*
vangen	ving – vingen	gevangen	*fangen*
varen	voer – voeren	(is) gevaren	*fahren (Boot)*
vechten	vocht – vochten	gevochten	*kämpfen*
verbieden	verbood – verboden	verboden	*verbieten*
verdwijnen	verdween – verdwenen	is verdwenen	*verschwinden*
vergelijken	vergeleek – vergeleken	vergeleken	*vergleichen*
vergeten	vergat – vergaten	(is) vergeten	*vergessen*
verliezen	verloor – verloren	(is) verloren	*verlieren*
vermijden	vermeed – vermeden	vermeden	*vermeiden*
vinden	vond – vonden	gevonden	*finden*
vliegen	vloog – vlogen	(is) gevlogen	*fliegen*
vouwen	vouwde – vouwden	gevouwen	*falten*
vragen	vroeg – vroegen	gevraagd	*fragen*
wassen	waste – wasten	gewassen	*waschen*
wegen	woog – wogen	gewogen	*wiegen*
weten	wist – wisten	geweten	*wissen*
wijzen	wees – wezen	gewezen	*zeigen*
winden	wond – wonden	gewonden	*winden*
worden	werd – werden	is geworden	*werden*
winnen	won – wonnen	gewonnen	*gewinnen*
zeggen	zei – zeiden	gezegd	*sagen*
zenden	zond – zonden	gezonden	*senden*
zien	zag – zagen	gezien	*sehen*
zijn	was – waren	is geweest	*sein*
zingen	zong – zongen	gezongen	*singen*
zinken	zonk – zonken	is gezonken	*sinken*
zitten	zat – zaten	gezeten	*sitzen*
zoeken	zocht – zochten	gezocht	*suchen*
zullen	zou – zouden	–	*werden*
zwemmen	zwom – zwommen	(is) gezwommen	*schwimmen*
zwijgen	zweeg - zwegen	gezwegen	*schweigen*

Soms is het anders dan je denkt – Manchmal ist es anders als man denkt

In dieser Liste sind Wörter aufgenommen, deren Bedeutung in der Regel keine Probleme bereitet. Vielmehr sind die Artikel die heimtückischen Elemente.

het	aantal	het	dispuut	de	olie
het	accent	het	district	de	omelet
het	adres	de	driehoek	de	outfit
het	afscheid	de	echo	de	output
het	alarm	het	effect	het	overzicht
het	antwoord	de	ergernis	het	parcours
het	apparaat	het	facet	het	park
het	applaus	de	fax	de	pech
het	arrest	de	feedback	het	pension
het	artikel	de	feeling	de	picknick
het	aspect	het	filiaal	het	pistool
de	aspirine	de	finale	het	plan
het	balkon	de	finish	het	platform
het	bedrag	de	foto	het	poeder
het	bedrog	het	gala	de	portemonnee
het	begin	het	gebruik	het	proces
de	begrafenis	het	geduld	het	protest
het	begrip	het	gevaar	het	proza
de	belevenis	de	gevangenis	de	puzzel
de	benzine	de	hindernis	de	quiz
het	beroep	de	hobby	de	radio
het	besluit	het	initiatief	het	record
het	beton	het	intellect	het	respect
het	bevel	de	interesse	het	ritme
het	bewijs	het	jargon	het	saldo
het	bezit	het	kanaal	het	sap
het	bezoek	het	karakter	het	schandaal
de	boot	de	knie	het	seizoen
de	bundel	de	komma	het	servet
het	cijfer	het	krediet	het	strand
het	comfort	het	kristal	de	studie
het	commentaar	het	landschap	de	tandem
het	complex	de	lay-out	de	taxi
het	concern	het	loon	de	telefoon
het	conflict	de	make-up	het	terras
het	congres	het	masker	het	toeval
het	contact	de	meter	het	toilet
het	continent	de	microscoop	de	training
het	contrast	het	miljoen	het	transport
de	datum	het	misbruik	het	uitzicht
het	debat	het	nadeel	het	vignet
het	dialect	het	nummer	het	voordeel
het	dieet	het	ogenblik		

Funktionen von **er** im Überblick

Funktion	Erläuterung	Beispielsätze
Platzhalter: vorweggenommenes Subjekt ▶ Seite 36	Das **Subjekt** ist unbestimmt: **iemand, iets, wat, wie, een** usw. **Er** steht oft am Anfang.	Er is **niemand** thuis. Er zit **een kat** op tafel.
	U. a. bei einer Frage gibt es Inversion.	**Wat** gebeurt er? Is er nog **koffie**? Hoe laat komt er weer **een bus**?
	er is/**er** zijn *es gibt*	Elke dag is er weer **veel** te doen
Ortsbestimmung (lokales **er**) ▶ Seite 33	**Er** kommt anstelle eines konkreten Ortes.	Het bevalt me goed **in Utrecht**. Ik woon **er** nu drie jaar. Werk je **er** ook?
	Er kann nicht betont werden → **daar, hier**	Nee, **daar** kon ik geen werk vinden, in Leiden wel.
er + Zahlwort (partitives **er**) ▶ Seite 49	**Er** steht anstelle eines Objekts oder eines unbestimmten Subjekts.	Ik heb drie **fietsen**, Jan heeft **er** maar twee.
	Zwei Mal **er** im Satz	De koekjes zijn bijna op. **Er** zijn **er** nog drie.
er + Präposition ▶ Seite 34	Sachen: **er** + Präposition	Ik praat **over de vakantie**. Ik praat **erover.**
	Personen: Präposition + Objektform	Ik praat **over de buurvrouw**. Ik praat **over haar.**
Subjekt in passiven Sätzen ▶ Seite 37	Der Satz hat kein richtiges Subjekt: **er wordt/werd** + Partizip	**Er wordt** gebeld. **Er werd** veel gelachen op het feest.

Übersicht Pronomina

Personalpronomen		Possessiv-pronomen	Reflexiv-pronomen
Subjekt	Objekt		
ik	mij/me	mijn	me
jij/je	jou/je	jouw/je	je
u	u	uw	zich, u
hij	hem	zijn	zich
zij/ze	haar	haar	zich
het	het	zijn	zich
wij/ we	ons	ons/onze	ons
jullie	jullie	jullie	je
u	u	uw	zich, u
zij/ze	hen/ze hun/ze	hun	zich
Sachen: ze	Sachen: ze		

Reziprokes Pronomen	Demonstrativpronomen		
elkaar	de-Wort	deze	die
	het-Wort	dit	dat

Stichwortregister

A

aan het ... zijn 75
Adjektiv 25 ff., 76
~ *Bildung* 25 ff.
~ *selbstständiger Gebrauch* 27 f.
~ *Steigerungsformen* 28 ff.
Adverb 32 ff.
als 78 f.
Altersangabe 88
Apostroph 12, 18 f.
Artikel 13 ff.
bestimmter ~ 13 f.
unbestimmter ~ 13
Aussprache 7

B

Befehlsform s. Imperativ
Besitzanzeigendes Fürwort s. Possessivpronomen
Bindewort s. Konjunktion

D

dat (Konj.) 80
Datumsangaben 85
Demonstrativpronomen 45 ff.
De-Wörter 13 f.
Diakritische Zeichen 11 f.
~ *Akzent* 12
~ *Apostroph* 12
~ *Trema* 11
Diminutiv s. Verkleinerungsform
Diphthong 11, 20
doen 56
Doppellaut s. Diphthong

E

Eigennamen 10, 19
Eigenschaftswort s. Adjektiv
er 32 ff.
~ + *Präposition* 33 f.
~ *als Platzhalter* 36 f.
~ *in passiven Sätzen* 37, 67
lokales ~ 33 f.
partitives ~ 49
~ *Pronominaladverb s. er + Präposition*
~ *Übersicht ~* 98

F

Fälle s. Kasus
Femininum s. Substantiv weiblich
Fragepronomen s. Interrogativpronomen
Fragesatz 91
Fragewörter 52 ff.
Fürwort s. Pronomen
Futur 62

G

gaan 56
Gegenwart s. Präsens
Genitiv 19, 45
Groß- und Kleinschreibung 10 f.
Grundzahl 85 ff.

H

Hauptsatz 89 ff.
Hauptwort s. Substantiv
hebben 56, 59
Het-Wörter 13 f.
Hilfsverb s. Verb
hoe 80
hoeven 70, 72

I

Imperativ 63 ff.
Imperfekt 57 ff.
Indefinitpronomen 50 f.
Indirekte Rede 66
Infinitiv 54, 75 f.
~ aan het ... zijn 75
om te + ~ 76
te + ~ 75 f.
Interrogativadverbien 53
Interrogativpronomen 52 f.
Inversion 36, 56, 76, 90
Irrealität 75

K

kofschip, 't 57, 59
komen 56
Komperativ s. Steigerungsformen
Konjunktionen 77 ff.
nebenordnende ~ 77
unterordnende ~ 78 f.

Konjunktiv 64 ff.
Konsonanten 9 f.
kunnen 70, 72

M

Maskulinum s. Substantiv männlich
Mehrzahl s. Substantive Plural
Modalverb 70 ff.
~ *Bildung* 70 f.
~ *Gebrauch* 72 ff.
~ *Stellung im Satz* 72 f., 90 f.
moeten 70, 72 f.
mogen 70, 73

N

na 82, 84
naar 82, 84
nach 82, 84
Nebensatz 92
Negation s. Verneinung
Neutrum s. Substantiv sächlich

O

of (Konj.) 80
om te + Infinitiv 76
Ordnungszahlen 88 ff.
~ *Bildung* 88 f.
~ *Gebrauch* 88
Orthographie s. Rechtschreibung

P

Paketschiff 57, 59
Partizip 59 ff., 94 ff
Passiv 67 f.
Perfekt 59 f., 71, 90
Personalpronomen 38 ff.
Persönliches Fürwort s. Personalpronomen
Plusquamperfekt 61 71, 90
Präfix s. Vorsilbe
Präpositionen 81 f.
nachgestellte ~ 84 f.
Präsens 54 ff.
Pronomen 38 ff.
Demonstrativ~ 45 ff
Indefinit~ 50 ff.
Interrogativ~ *s. Fragewörter*
Interrogativadverbien 53
Personal~ 38 ff.
Possessiv~ 42 ff.
Reflexiv~ 43 f.
Relativ~ 47
reziprokes ~ 44, 99
Übersicht ~ 99

R

Rechtschreibung 8 ff.
~ *Akzent* 12
~ *Apostroph* 12
~ *Groß- und Kleinschreibung* 10 f.
~ *Konsonanten* 9 f.
~ *offene und geschlossene Silbe* 7 ff.
~ *Trema* 11
~ *Vokale* 8 f.
Relativsatz 48

S

Satzbau s. Wortstellung
Satzklammer 89
Silbe offene und geschlossene ~ 7 ff.
staan 56
Stamm 54 ff.
Steigerungsformen 28 ff.
unregelmäßige ~ 30 f.
Substantiv 15 ff.
~ *männlich* 13 f.
~ *Plural* 15 ff.
~ *sächlich* 13 f.
~ *Verkleinerungsform* 20 ff.
~ *Kasus* 19 f.
~ *weiblich* 13 f.
Suffix 17, 20 f.
Superlativ s. Steigerungsformen

T

Temperaturangaben 86
terwijl 84
tijdens 84
't kofschip 57, 59
toen 79 f.
Trema 11

U

Uhrzeiten 86
Umstandswort s. Adverb

V

veel 30, 50
Verb 54 ff.
~ *Futur* 62 f.
~ *Hilfsverb* 59 f.

~ *Hilfsverb zijn* 59 f., 61 f.
~ *Hilfsverb hebben* 59 f., 61 f.
~ *Hilfsverb worden* 66 f., 90
~ *Imperativ* 63
~ *Imperfekt regelmäßig* 57 f.
~ *Imperfekt unregelmäßig* 58 f.
~ *Indirekte Rede* 66
~ *Konjunktiv* 64 ff.
~ *Partizip regelmäßig* 54 f.
~ *Partizip unregelmäßig* 56 f.
~ *Passiv* 67 f.
~ *Perfekt* 59 ff.
~ *Perfekt regelmäßig* 59 f.
~ *Perfekt unregelmäßig* 60 f.
~ *Plusquamperfekt* 61, 71, 90
~ *Präsens regelmäßig* 54 f.
~ *Präsens unregelmäßig* 56 f.
~ *reflexiv* 68 f.
~ *trennbar* 69 f.
~ *untrennbar* 69 f.
Vergangenheit s. Imperfekt
Verhältniswort s. Präpositionen
Verkleinerungsform 20 ff.
~ *Bildung* 20 ff.
~ *Gebrauch* 22 ff.
Verneinung 93
Vokale 8 f.
Vorsilbe 59, 69

W

weinig 30, 50
willen 70, 73
Wortstellung im Satz 89 ff.

Z

Zahlen 85 ff.
Zeitangaben 86 f.
zien 56
zijn 56, 61
Zukunft s. Futur
zullen 70, 74

Mit Power Niederländisch lernen

ISBN: 978-3-12-562729-1
[D] 26,99 € **[A]** 27,80 €

- **Ihr Ziel:** Niederländisch sprechen, verstehen und schreiben können – in vier Wochen!
- **Unsere Methode:** Sie lernen in kleinen Portionen, werden in abwechslungsreichen Übungen aktiv gefordert und prüfen Ihr Wissen nach jeder Woche mit einem Online-Test.
- **Ihr Vorteil:** Alles, was Sie zum Lernen brauchen, finden Sie in diesem Kurs. Kompakte Erklärungen, zahlreiche Übungen zum Sprechen, Hören und Schreiben und authentische Hörtexte führen Sie schnell zum Ziel.

Niveau
A1 – A2

Für Anfänger und
Fortgeschrittene
(A1 / A2).

PONS

www.pons.de